Architekturführer
Florenz

Guido Zucconi

Architekturführer
Florenz

Mit einer Einführung von
Pietro Ruschi

Hatje

Zuerst erschienen unter dem
Titel
Firenze – Guida all'architettura
© 1995 Arsenale Editrice srl
Venedig
Alle deutschen Rechte beim
Verlag Gerd Hatje, Stuttgart,
1995
ISBN 3 7757 0511 2

Printed in Italy

Gestaltung
Michela Scibilia

Druck
*EBS Editoriale Bortolazzi-Stei,
Verona*

Übersetzung aus dem
Italienischen
Gesa Schröder

Fotografien von
Michele Crosera

Fotonachweis
*Biblioteca Medicea Laurenziana,
Florenz* (S. 15)
*Gabinetto fotografico della
Soprintendenza per i Beni
Ambientali e Architettonici per le
Provincie di Firenze, Pistoia e
Prato* (S. 13 und Abbildungs-
nummern 17, 18, 19, 21, 39,
46, 55, 59, 65, 82, 85, 89, 109,
111, 118, 121, 127, 142, 144,
145, 146, 157, 173, 180)

Inhalt

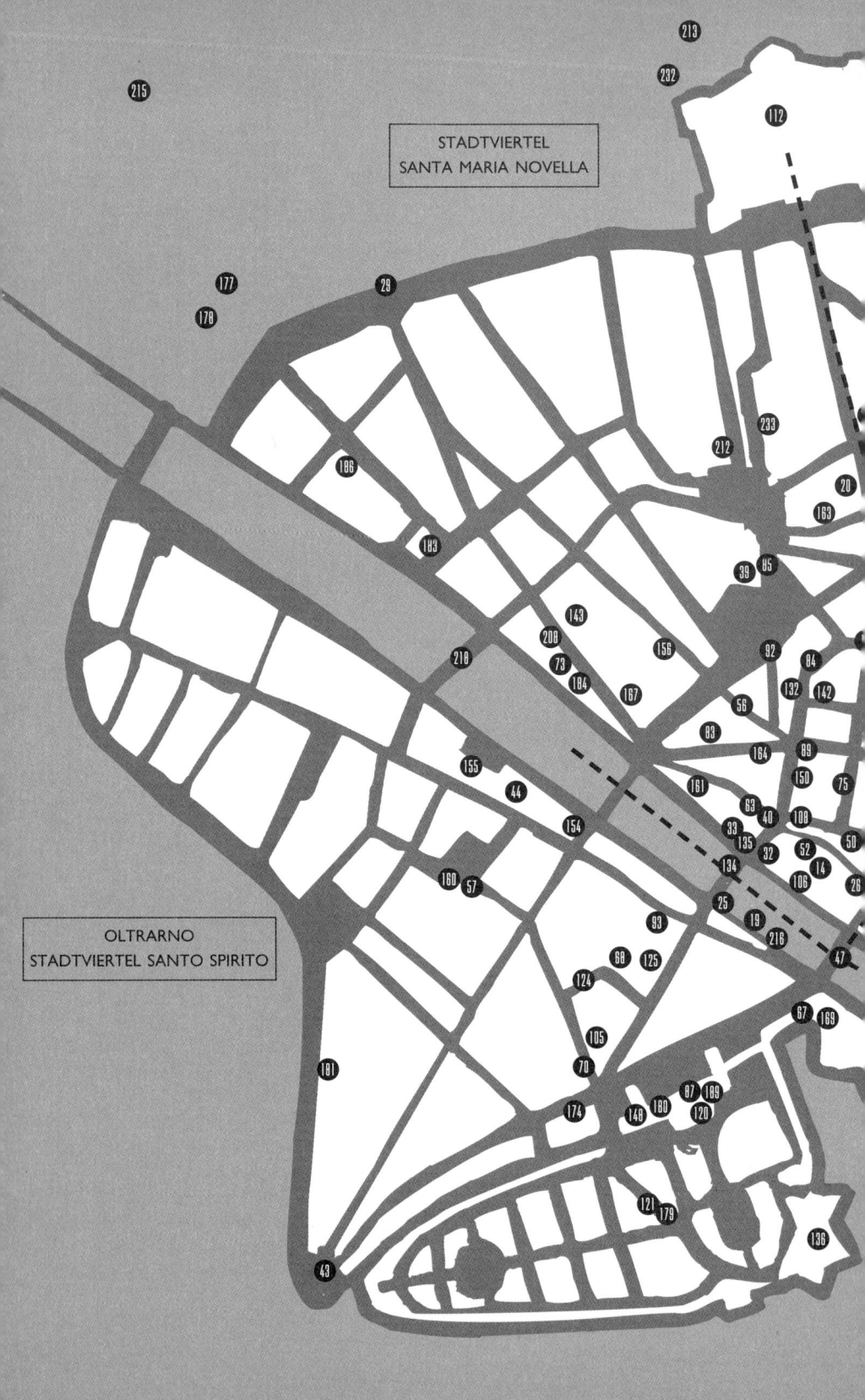

STADTVIERTEL
SANTA MARIA NOVELLA

OLTRARNO
STADTVIERTEL SANTO SPIRITO

STADTVIERTEL
SAN GIOVANNI

GEBÄUDE AUSSERHALB
DES PLANS

STADTVIERTEL
SANTA CROCE

Sca̅ Io̅s
batiste

Archiepi
fropac̄

P. L. cofme medicaf

Sca̅ · Laur ·

Sca̅ bernabe

· D · petri f̄c̄iad c̄o̅m
de medicif

Sa̅   u̅   Dn̅i bonifaty · ho̅fp ·

S · C̄

Pietro
Ruschi

Die Architektur
und das Bild der Stadt

Wenn innerhalb einer Mauer, unter einem Namen
deine verstreuten Paläste versammelt würden,
könnten es zwei Roms nicht mit dir aufnehmen.
(Ariosto, Le Rime)

I.
Pietro del Massaio,
Bild-Plan von Florenz
(um 1460). Detail mit
dem Baptisterium San
Giovanni und dem
Medici-Palast.

Versucht man, sich mit Hilfe des fehlerhaften Fernglases der Er-
innerung ein klares Bild der Stadt Florenz vor Augen zu führen,
dann wird fast immer das Bild einer typischen Renaissancestadt
erscheinen. Dieses Bild ist zu einem Mythos von unwandelbarer
Suggestivkraft geworden und hat sich mittlerweile soweit verfestigt,
daß sogar die außergewöhnlichen Früchte der florentinischen
Kunst des Mittelalters in den Schatten gestellt werden.
Und in der Tat bestimmen Brunelleschis Bauwerke, von der Kuppel von Santa Maria del Fiore mit ihrer »großen, über den
Himmeln errichteten Struktur« über die »revolutionären« Basi-
liken San Lorenzo und Santo Spirito bis hin zu den Palästen, Kirchen und Villen, gebaut von Brunelleschis Nachfolgern Michelozzo, Benedetto da Maiano, Giuliano da Sangallo und Cronaca,
so weitgehend die Stadt und die umgebende Landschaft, daß sie
unauslöschlich das Bild »fixierten«, Denken und Geschmack
der Bewohner beeinflußten und einen formalen Regelkanon
definiert haben, der den größten Teil der zukünftigen Bauent-
wicklung bestimmte.
Das Renaissance-Modell wird somit für die Künstler wie für die
Historiker, für die Auftraggeber wie für das florentinische Volk
zum konstanten Bezugspunkt beim Bau, bei der Veränderung und
der Vergrößerung der Stadt. Es scheint fast, als handele es sich um
ein vorbestimmtes Ergebnis. So meint man die Vorläufer dieses
Modells bereits in der romanischen Architektur zu erkennen. Die-

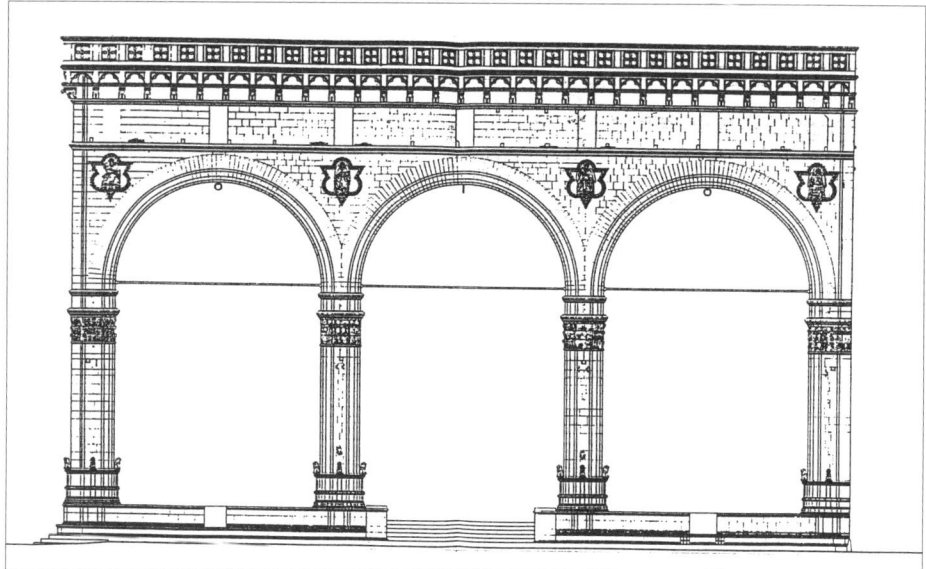

se ist in Florenz ebenso wie die gemessenen, strengen Merkmale der florentinischen Gotik, in deren Umfeld Brunelleschi seine Ausbildung erfährt, stark von Elementen der klassischen Tradition gekennzeichnet. So durchdringt Brunelleschis Erbe nicht nur die Architektur des gesamten Quattrocento, sondern wirkt noch weit über das nachfolgende Jahrhundert hinaus. Es prägt und mäßigt die barocke Entwicklung und knüpft schließlich nach einem matten Hauch von Erneuerung - angefacht um die Mitte des 18. Jahrhunderts durch die Ankunft der Großherzöge aus dem Hause Lothringen und sodann durch die französische Herrschaft - an die zweite, und man könnte sagen, wesentlich eindringlichere »Wiedergeburt« der Architektur im 19. Jahrhundert an, die damit endet, daß Florenz Hauptstadt Italiens wird, und die das »Renaissance«-Bild der Stadt endgültig und nicht ohne verräterische Züge, die jedoch für die Zeitgenossen und das kollektive Gedächtnis unsichtbar bleiben, besiegelt.

Es scheint also wenig zu zählen, daß das Stadtgefüge aus vielfältigen Schichten besteht, die vor allem für gewisse Perioden und nach wiederholten Restaurierungseingriffen nicht einfach identifizierbar sind. Wenig zählt, daß bei einer analytischen Prüfung die Architektur des Quattrocento und des Cinquecento quantitativ weniger Gewicht hat als die Architektur des Mittelalters (im 13. Jahrhundert wuchs die florentinische Bevölkerung mindestens um das Fünffache und stellte sich mit den wichtigsten europäischen Städten auf eine Ebene, was zu einem grandiosen Aufschwung im Bauwesen führte), daß sie weniger Gewicht hat als die Architektur des 17. und 18. Jahrhunderts (die Produktion ei-

2.
Die Loggia della Signoria, gebaut zwischen 1374 und 1395, stellt unter anderem dank ihrer kostbaren Ausstattung mit Plastiken (die marmornen *Tugenden* und die Stein-Wappen) eine der größten künstlerischen Manifestationen der florentinischen Gotik dar.

3.
Der Dom Santa Maria del Fiore. Arnolfos Kirchenbau und Brunelleschis Kuppel sind unter künstlerischem wie technischem Aspekt sicherlich die wichtigsten Architektur-Beispiele der Stadt.

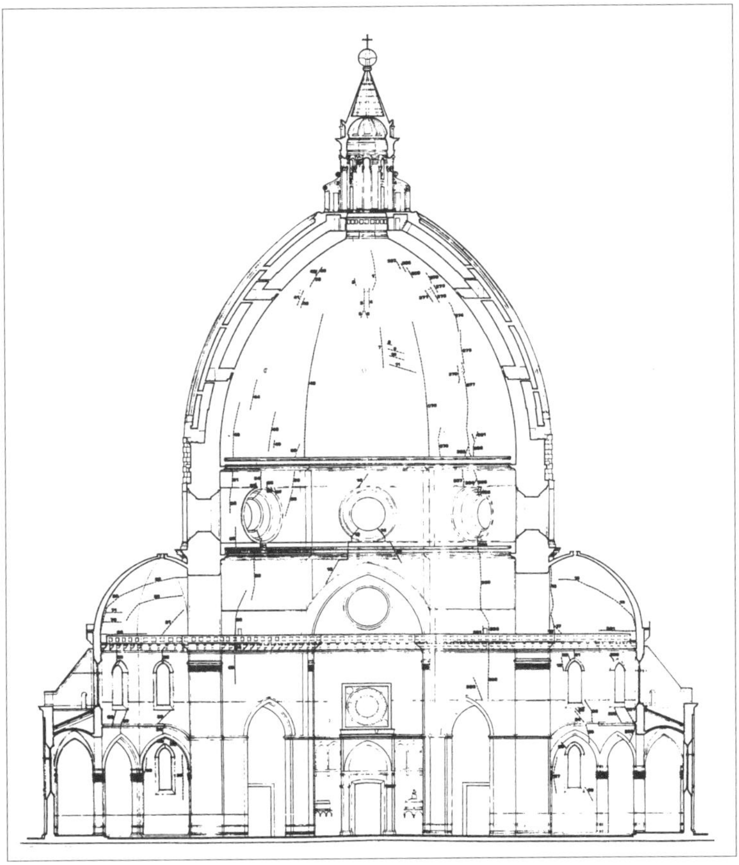

4.
Die alte Basilika San Lorenzo, die Familien-Kirche der Medici wurde, ist von Brunelleschi (und seinen Nachfolgern) neugestaltet worden. Danach erhielt sie Zusätze von Michelangelos Medici-Bibliothek und der Neuen Sakristei bis hin zum Anbau der Fürstenkapelle im 17. Jahrhundert.

nes Gherardo Silvani oder eines Antonio Ferri übersteigt zahlenmäßig die Gebäude von strenger Brunelleschi-Urheberschaft) und vor allem weniger als die Architektur des 19. Jahrhunderts, die überall gegenwärtig ist, vom Zentrum bis zu den Lungarni und zur »Poggi«-Peripherie, die nach dem Schleifen der Stadtmauern entstand. Das alles zählt wenig, denn Florenz ist und bleibt in den Augen aller die Stadt der Renaissance.

Allerdings muß man sehen, daß all dies auch bei einer streng objektiven Betrachtungsweise Grundlagen hat und erklärt werden kann. Die Zeit der Renaissance, vor allem unter der Signoria der ersten Medici von Cosimo »Pater Patriae« bis zu Lorenzo dem Prächtigen, war für die Stadt eine Phase von grundlegender Bedeutung. Politische und wirtschaftliche Ereignisse, nicht nur im florentinischen Raum, die Herausbildung der Territorialmacht und eine erneuerte Lebenskraft auf philosophischem, literarischem und künstlerischem Gebiet, die mit dem Ende des Trecento einsetzte, bilden die Voraussetzungen. Auf dieser Grundlage kam es in Florenz zur Herausbildung einer außergewöhnlich arbeitsfähigen und entwickelten sozialen Struktur mit einer aktiven und kulturell interessierten herrschenden Schicht (zum großen Teil aus der Kaufmanns-Aristokratie hervorgegangen). Die Stadt erreichte so eine vorherrschende Position im damaligen Europa, die in keinem Verhältnis zur Größe des politischen Gebildes stand. Diese Entwicklung begünstigte die Herausbildung jenes starken Bürgersinns, jenes Geistes der kollektiven Identität - des sogenannten »Florentinismus« -, der ein konstantes Merkmal in der Geschichte und Kultur der Stadt darstellen sollte. Eine wichtige Rolle spielte der römische Ursprung von »Florentia«, der seit der Zeit der Comune für die Legitimierung und die politische und territoriale Autonomie (»libertas«) eingesetzt, durch philologische und ästhetische Argumentationen (wie diejenigen von Coluccio Salutati oder Leonardo Bruni) beständig gestützt, und der durch das Symbol der Stadt verbildlicht wurde, durch den Mars-Tempel, der »der schöne San Giovanni« geworden ist. Der römische Ursprung der Stadt fand nun die endgültige Bestätigung auch auf formaler Ebene gerade in der Kunst der Renaissance, durch die geniale Wiederaufnahme der klassischen Formensprache und ihre Behauptung in europäischem Maßstab. Diese Formensprache wird durch Brunelleschi in rationaler und moderner, von der Idee her »antiklassischer« Lesart neu gedeutet und dann von vielen seiner Epigonen in wesentlich buchstabentreuerem Sinne, aber mit nicht weniger Erfolg verwendet.

Florenz als das »neue Rom«: Dies ist die entscheidende Idee der florentinischen Kultur des Quattrocento, sie fand ihre Bestätigung

in der gesamten städtischen Chronikenforschung von Villani bis Dei und war Ausgangspunkt für den Anspruch auf eine »mythische« Vorherrschaft, die die ganze Stadt mit einbezog und vor allem in der zweiten Hälfte des Jahrhunderts einen unaufhörlichen Aufschwung der Bautätigkeit förderte. »Und ich glaube«, so schrieb Giovanni Rucellai mit Bezug auf seine Gelder, »daß es mir mehr Ehre gemacht hat, sie gut ausgegeben zu haben, als sie verdient zu haben, und auch mehr Zufriedenheit für meine Seele. Dies gilt vor allem für die Mauern, die ich aus diesem Material gebaut habe.«

6.
Francesco di Lorenzo Rosselli, *Veduta della catena* (um 1472-1480)

Der Blick auf Florenz aus der Vogelperspektive, bekannt als »Veduta della Catena«, ausgeführt um 1472 von Francesco Rosselli, zeigt die sichtbaren Früchte jenes Jahrhunderts im noch unversehrten Gefüge der mittelalterlichen »civitas«, dokumentiert jedoch auch das schwere Vermächtnis jenes »ruhmreichen« Bildes der Stadt Lorenzos, von dem es schwierig sein wird, sich zu lösen: das erreichte, aber nicht mehr erreichbare Bild.

Bereits zu Beginn des nachfolgenden Jahrhunderts, als jene besonderen Bedingungen, die Florenz auf die europäische Bühne gebracht hatten, sich mittlerweile zugunsten Roms entwickelten, nimmt man das Gewicht jenes Erbes wahr. Und nur durch die Medici-Päpste Leo X. und Clemens VII. gelingt es, trotz der politischen Wirren eine Art künstlerische, ideelle und tätige Gemeinschaft zwischen den beiden Städten zu fördern (die Werke Michelangelos sind deren höchste Besiegelung). Diesem Bündnis werden die Medici-Großherzöge dann im wesentlichen treu bleiben, und den toskanischen Städten wird es dank Vasari, Ammannati

7.
Attavante Attavanti,
*Die Fronleichnams-
Prozession* (1506),
Florenz, Biblioteca
Medicea Laurenziana.
Die kostbare Miniatur
zeigt einen Ausschnitt
des lebendigen
städtischen Lebens
während einer
Prozession von San
Marco über die Via
Larga zum Dom.

und Buontalenti die kostbaren Früchte der Spätrenaissance sichern. Es sind Früchte, die in Florenz vielleicht irrtümlicherweise als ein greifbares Fortleben - und Sich-Erneuern - jener mythischen vergangenen Zeit in der großherzoglichen Stadt verstanden wurden, die aber in Wirklichkeit die letzten Stützen eines bereits abgeschlossenen Kapitels sind, aus dem heraus Florenz von da an die Entwicklung der italienischen und europäischen Architektur wie ein zur Passivität verurteilter Protagonist zu beobachten scheint. Nach den zahlreichen Chroniken des 14. und 15. Jahrhunderts, die teilweise genaue Beschreibungen der Stadt enthalten (Matteo Villani, Goro Dati), erscheint bereits 1510 das *Memoriale di molte statue e pitture della Città di Firenze* von Francesco Albertini, ein Werk, das in vieler Hinsicht ein Vorläufer der zahllosen Florenz-Führer ist, als deren erster der Führer von Bocchi aus dem Jahre 1591 gilt, der 1677 durch Cinelli erweitert wurde.

15

Das Primat der Renaissance begegnet einem in den Argumentationen der gesamten Geschichtsschreibung und Kunstliteratur und
wurde vor allem seit der zweiten Hälfte des 18. Jahrhunderts und
dann im gesamten folgenden Jahrhundert betont, als der »Tri-
umph« der Stadt Florenz als zweite Wiege der Klassik soweit bekannt geworden war, daß ein nicht geringer Teil der europäischen
Kultur von dieser Idee angezogen und beeinflußt wurde. Ein Echo
davon findet sich in der »romantischen« Literatur und in den
Schriften der aufmerksamen und immer zahlreicheren Reisenden,
die Florenz besuchen (von Goethe, Stendhal, Madame de Staël bis
Viollet-le-Duc und Ruskin), aber auch in der endlosen Reihe von
Führern, die in alle Sprachen übersetzt werden: der Führer von
Cambiagi (erschienen erstmals 1765, mit anschließenden elf
Auflagen, die letzte stammt von 1819), die Führer von Gargiolli
(1819), Ricci (1820), Marenigh (auf französisch, 1822), Fran-
çois (1853), der Horner (gedruckt in London, zweibändig,
1873), Burci (1875) und viele andere, die wir an dieser Stelle
nicht alle auflisten können. Vom Ende des 19. Jahrhunderts an
- man denke an Burckhardt, Carocci, von Fabriczy, Enlart - und
vor allem seit den ersten Jahrzehnten unseres Jahrhunderts - wir
beschränken uns auf die Erwähnung des monumentalen Werks
von Davidsohn über das mittelalterliche Florenz, erschienen
1908 in Berlin - bringt eine neue philologische Strenge viel Licht

8.
Der Palazzo
Pandolfini, nach einem
Entwurf von Raffael zu
Beginn des 16. Jahr-
hunderts gebaut,
dokumentiert den
Erfolg der neuen
römischen Manier in
Florenz.

in die florentinische Geschichte. Vernachlässigte Aspekte werden zutage gefördert und eine breite Debatte über bislang wenig erforschte Punkte eröffnet.

Auch auf der Ebene der Geschichte der Architektur setzt auf nationaler und internationaler Ebene eine breite kritische Revision ein, deren Wiedergabe unseren Rahmen sprengen würde. Sie wendet sich einer wissenschaftlichen Neudeutung von zahllosen Zeugnissen der Vergangenheit zu, die aber häufig von theoretischen und ästhetischen Strömungen, wenn nicht Ideologien, angetrieben wird und so schließlich bestimmte Perioden begünstigt, wie zum Beispiel römische Architektur und Städtebau während des Faschismus oder, nach dem Zweiten Weltkrieg, Mittelalter und Renaissance zuungunsten von Barock (aufgefaßt als »Un-Stil«), 18. und auch 19. Jahrhundert. Mit dieser Haltung wurden dann Abriß-Sanierungen und falsche Rekonstruktionen durchgeführt. Die Konsequenzen blieben auch in Florenz nicht aus, und eine weitere und schwerwiegende Revision, nach der puristischen Revision des vergangenen Jahrhunderts, brach in den fünfziger und sechziger Jahren über die Bauwerke der Stadt herein.

Diese Geschehnisse wurden - und dies war zum großen Teil auch im 19. Jahrhundert der Fall - in Wirklichkeit künstlich verborgen, verschleiert durch den unantastbaren Renaissance-Mythos der Kunst-Stadt. Sie wurden von der Fachliteratur kaum behandelt und erst recht nicht in den zahllosen Führern erwähnt (in denen im übrigen die Architektur nur eines von mehreren Themen ist und daher nicht selten auf die wichtigsten Gebäude beschränkt bleibt, weil sie für weniger attraktiv gilt als die weltberühmten Werke der Malerei oder Bildhauerei). Einige Führer zeigen jedoch ein beachtliches Niveau, wie diejenigen von Grote (München 1965) oder von Borsook (London 1966). Lediglich in relativ junger Zeit beginnen auch für Florenz systematischere und tiefgehendere Studien zu den Werken der Architektur, die endlich in einem ausgeglichenen Verhältnis zueinander und zur Entwicklung der Stadt gesehen werden, wie zum Beispiel der wertvolle Beitrag von Giovanni Fanelli (*Firenze architettura e città*, Florenz 1973) oder die reichhaltig dokumentierte Arbeit von Goldthwaite (Richard A. Goldthwaite, *La costruzione di Firenze rinascimentale*, Bologna 1984). Das geht bis zur erbarmungslosen, aber dienlichen Offenlegung der tatsächlichen Folgen von aus über einem Jahrhundert stammenden Restaurierungseingriffen an den bekanntesten florentinischen Baudenkmälern (M. Dezzi Bardeschi, *Il monumento e il suo doppio: Firenze*, Ausstellungskatalog, Florenz 1981).

Zur gleichen Zeit beschäftigt sich eine weit verbreitete kritische Revision auch mit den sogenannten minderwertigen Perioden der florentinischen Architektur und rückt endlich Protagonisten und Erfahrungen des 17. und 18. Jahrhunderts in das richtige Licht, auch im Verhältnis zur Freskomalerei und zur plastischen Dekoration, die in der Stadt und in den Kirchen und Villen des Umlandes erstklassige Werke hervorbrachte. Die umweltbezogenen und »technologischen« Funktionen in den architektonischen Werken des Klassizismus, die zuweilen unter der unvermeidlichen Neo-Renaissance-»Hülle« bewußt versteckt liegen, werden nun erst erkannt. Und endlich wird die problematische Phase der Architektur des 19. Jahrhunderts, der Restaurierungen und des florentinischen Städtebaus bearbeitet, die unauflöslich mit dem Namen Giuseppe Poggi verbunden ist, dem nun, wie auch anderen bis dahin fast unbekannten Architekten und Ingenieuren, Monographien gewidmet werden. Auch die Architektur des 20. Jahrhunderts wird zum Gegenstand von Forschungen, die nach Jahrzehnten der Vergessenheit die besonderen Merkmale und die Bedeutung der florentinischen Erfahrungen wieder ans Licht bringen.

Diese Forschung ist in ihrer innovativen Version eng mit der Tätigkeit von Giovanni Michelucci und der sogenannten »Toskanischen Gruppe« verknüpft. Wobei aber von Raffaello Fagnoni und Angiolo Mazzoni vielleicht traditionellere, aber raffinierte Werke hervorgebracht wurden.

10.
Giuseppe Zocchi, *Blick auf Florenz vom Kapuziner-Konvent in Montughi*. Dieser Stich ist Teil einer 1744 für den Marchese Gerini angefertigten *Auswahl von XXIV Veduten von Florenz*.

Dank dieses neu erwachten Interesses, das zahlreiche Studien, Konferenzen und Ausstellungen nach sich zog, kommt die florentinische Architektur, die durch den bejubelten, aber eisernen »Gürtel« von Mittelalter oder Renaissance gefesselt zu sein schien, in all ihrer Kontinuität wieder zum Vorschein und lenkt erneut die kollektive Aufmerksamkeit auf sich, auf ihre allgemeine Rolle wie ihre Besonderheiten. So ist es endlich möglich, ein ausgeglicheneres Bild von Florenz zu schaffen, das jenen kulturellen und sozialen Werten besser gerecht wird, deren unmittelbarster Ausdruck die Architektur sicherlich ist. Damit wird auch die außerordentliche Zeit der Renaissance auf ihre genaue historische Dimension und ihr korrektes Verhältnis zum nachfolgenden architektonischen Geschehen in der Stadt zurückgeführt.

Die Konsequenz der Verlage, die Führer für ein immer breiteres Besucher-Publikum veröffentlichen, ist typisch für unserer Zeit. Zu erwähnen wären die stärkere Beachtung der Architektur in Wignys Führer (D. Wigny, *Firenze*, Mailand 1991) oder in der aktualisierten (siebten) Auflage des Führers *Firenze e dintorni* des Touring Club Italiano, die fachspezifischen »Architekturführer« wie der umfangreiche und ausführliche von der Facoltà di Architettura di Firenze herausgegebene Führer (Turin 1992) oder die jüngste Neuerscheinung von Giovannetti und Martucci (B. Giovannetti, R. Martucci, *Guida all'architettura di Firenze*, Venedig 1994) und schließlich die große und beeindruckende Ausstellung *Firenze e la sua immagine. Cinque secoli di vedutismo* im Forte Belvedere, organisiert durch das Assessorato alla Cultura del Comune di Firenze (Ausstellungskatalog, Venedig 1994).

Der von Guido Zucconi herausgegebene Führer zur florentinischen Architektur nimmt in diesem Rahmen - den wir mit der für ei-

11.
Giuseppe Zocchi, *Blick auf den Arno vom Ponte Santa Trinità aus in Richtung Ponte alla Carraia* (um 1745)

ne kurze Einführung erforderlichen Zügigkeit zu umreißen versucht haben - einen besonderen Platz ein, so daß es uns sinnvoll erscheint, mit einigen Bemerkungen die Aspekte zu verdeutlichen, die ihn unserer Meinung nach auszeichnen. Zunächst einmal muß angemerkt werden, daß die offensichtliche Kürze der Eintragungen - dem geschickten Aufbau eines Führers, der zum Nachschlagen bestimmt ist, entsprechend - in Wirklichkeit eine Art Informations-Schema verbirgt, das elementare, aber präzise Daten zum betreffenden Gebäude liefert (Autor, Chronologie, Standort, Foto und häufig Grundriß), so daß die unmittelbaren Bedürfnisse des Lesers absolut befriedigt werden. Mit Bezügen, Anregungen und Hinweisen, die sich von der Geschichte des Einzelbauwerks auf Stilmerkmale, Materialbeschaffenheit, Konstruktionstechniken und Beziehung zum städtischen Umfeld ausweiten, gelingt es dem Autor gleichzeitig, ein erstes, einfaches, aber klares Koordinatensystem zu schaffen, das auch den Nicht-Experten zur weiteren Vertiefung anzuregen vermag, für die - was man bei einem Führer dieser Art nicht erwarten würde - am Ende jeder Kurzbeschreibung knappe, aber aktualisierte Literaturangaben zur Verfügung stehen. Die Effizienz dieser Herangehensweise gewinnt an Wert durch die beträchtliche Zahl der behandelten Gebäude aus der Stadt und ihrer Umgebung, so daß es ein recht sorgfältig zusammengetragenes Inventar bildet, das sogar dem Kenner der Stadt einige Überraschungen zu bereiten vermag.

Doch vor allem zeichnet Guido Zucconis Arbeit im Grunde seine eigene Haltung aus, die beinahe distanziert, zu rational erschei-

nen könnte, die aber in Wirklichkeit das Ergebnis von Erfahrung, Kenntnis und vor allem einer korrekten Methode ist. Diese Haltung ermöglicht ihm die »unparteiische« Betrachtung der Stadt und ihrer Monumente, die er mit Sorgfalt, aber ohne Emphase analysiert. So entkommt er soweit wie möglich auch der Suggestion der großen Mythen, insbesondere der Renaissance.

Ohne bei persönlichen Neigungen für bestimmte Perioden oder Architekturen zu verweilen, beschränkt er sich darauf, einfach zu informieren. Daraus folgt, daß die Lektüre dieses Führers anfangs fast zu eilig fortzuschreiten scheint, ohne Emotionen auszulösen, sehr schnell jedoch entdeckt und schätzt man die wissenschaftliche Strenge, das Fehlen von Gemeinplätzen, die genauen Verweise, die Anregungen, die Mäßigung, mit der dieser Führer ohne jedes Vorurteil informiert und dadurch dem Leser die Freiheit läßt, zu erinnern, nachzudenken, zu vergleichen und - falls er es für sinnvoll hält - sich weiteren Vertiefungen zuzuwenden. Es wird also deutlich, daß dieser Führer wirklich ein »anderes« Instrument ist, nützlich, übersichtlich, effizient und vor allem modern, was die Informationsvermittlung angeht. Und am Ende gleicht dieses kleine Buch wirklich »einem Werkzeugkasten, der die geeignetsten Instrumente für einen Gang durch die Stadt und die Literatur zur Verfügung stellt«, wie Donatella Calabi im Vorwort von *Venedig, Architekturführer* schreibt, einem geglückten »parallelen« Führer, der vor nur einem Jahr ebenfalls von Zucconi herausgegeben wurde.

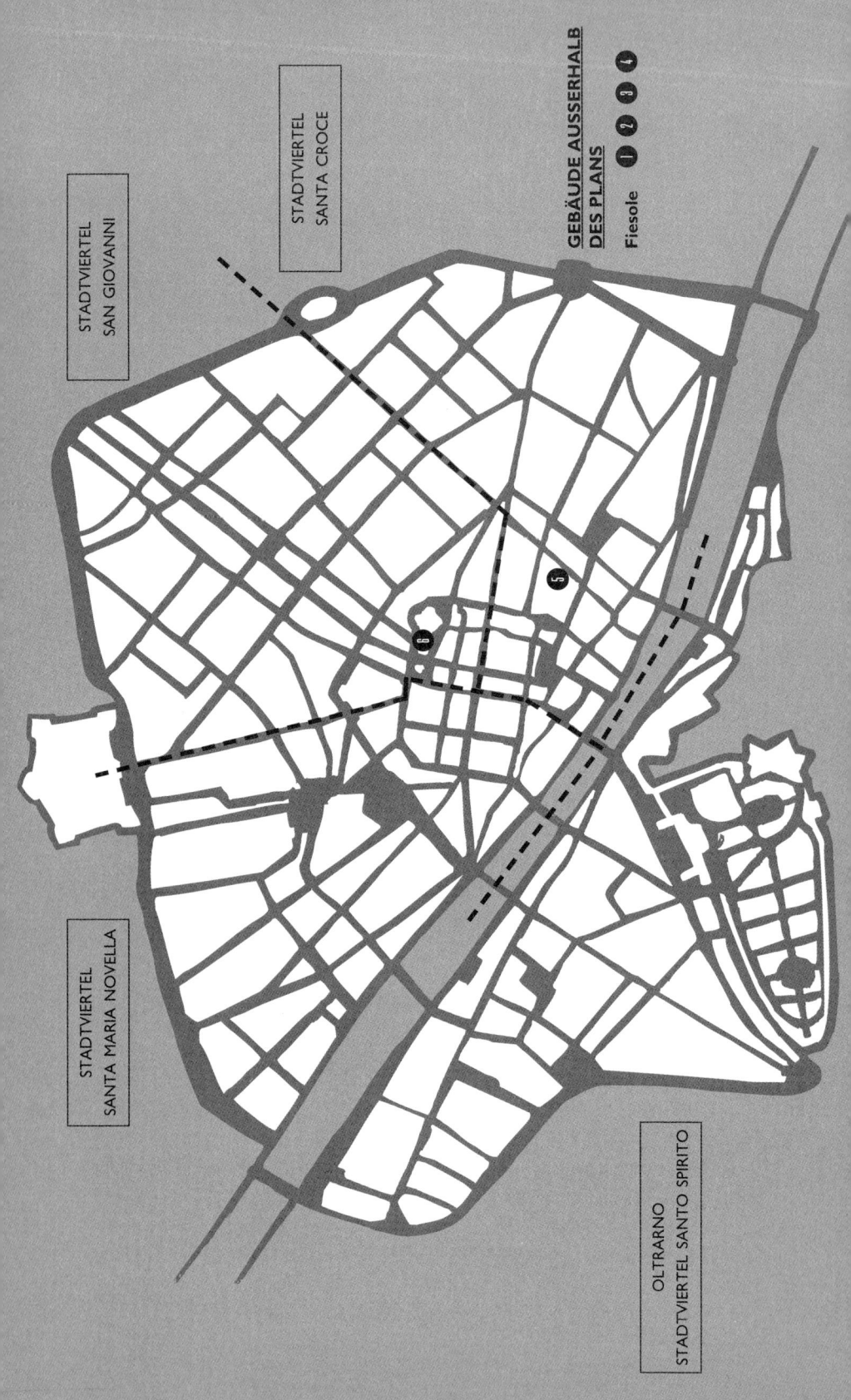

STADTVIERTEL
SAN GIOVANNI

STADTVIERTEL
SANTA CROCE

STADTVIERTEL
SANTA MARIA NOVELLA

OLTRARNO
STADTVIERTEL SANTO SPIRITO

GEBÄUDE AUSSERHALB
DES PLANS
❶ ❷ ❸ ❹

Fiesole

Die Anfänge
von Florenz und Fiesole

»Florentia« wurde 59 v.Chr. als römische Kolonie in einem bereits nach dem regelmäßigen Gitternetz der »centuriae« organisierten Territorium gegründet. Die Lage am Zusammenfluß von Mugnone und Arno, der von hier aus befahren werden konnte, war für die Siedlung sehr günstig. Wesentlich älter - wahrscheinlich bereits aus dem 6. und 5. Jahrhundert v.Chr - ist die Ansiedlung von Fiesole. Sie befand sich in einer strategisch günstigen Lage, von der aus das gesamte Arno-Tal kontrolliert werden konnte. Das städtische Leben entwickelte sich in der Römischen Kaiserzeit zwischen diesen beiden Polen, zwischen »Florentia« und »Faesulae«, zwischen dem »castrum« in der Ebene und dem »oppidum« auf den Hügeln, zwischen der geometrischen und der organisch dem Gelände angepaßten Stadt. Dabei war die letztere politisch und von der Einwohnerzahl her wesentlich bedeutender. Dort sind an einzelnen Stellen auch noch eine Reihe von Bauwerken aus der römischen Epoche erhalten (das Theater, die Thermen und anderes). Vom römischen Florenz ist dagegen lediglich die geometrische Anlage erhalten geblieben, von der noch heute der »cardo« (Via Roma und Calimala) und der »decumanus maximus« (Via Strozzi und Via del Corso) erkennbar sind. Bereits im frühen Mittelalter begannen sich die Kräfteverhältnisse umzukehren, und noch weit vor dem Jahre 1000 wurde Florenz die bedeutendste Stadt der Markgrafschaft Toskana: Der sogenannte »erste Mauerring« aus dem 11. Jahrhundert umfaßt eine größere Fläche als die römische Stadt. Während Fiesole zu einem Dorf in den Hügeln verfällt, wuchs Florenz nicht nur topographisch, sondern auch ökonomisch und politisch: Am Ende des 12. Jahrhunderts, an der Schwelle zum »goldenen Zeitalter«, hatte sich die Stadt bereits eine gewisse Vorrangstellung nicht nur auf der italienischen Halbinsel, sondern auch auf internationaler Ebene erworben.

1

Area archeologica di Fiesole
3. Jh. v. Chr. - 2. Jh. n. Chr.
Zwischen Via delle Mura etrusche, Via
Bandini und Via Dupré

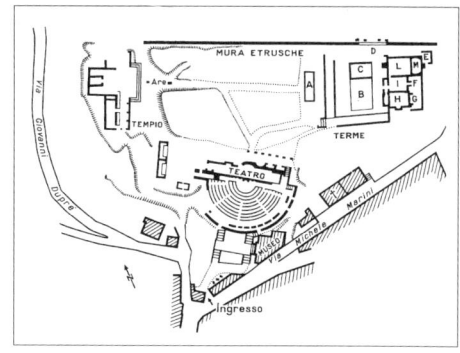

Das archäologische Gebiet befindet sich zwischen
den Hügeln San Francesco und Sant'Apollinare
und entspricht der Lage des Forums, an dem die
wichtigsten öffentlichen Einrichtungen
entstanden: die Thermen, das Theater, der neue
Tempel. Ein Element der Kontinuität zwischen
etruskischer und römischer Zeit stellt das
beträchtliche Stück Mauer (etwa 250 Meter) aus
Sandsteinblöcken an der Nordseite dar.
LITERATUR: De Agostino 1949

2

Reste des Tempels von Fiesole
4. - 1. Jh. v. Chr.
Area archeologica, Via Dupré

Zu Beginn des 20. Jahrhunderts wurde dieses
etruskisch-römische Bauwerk freigelegt, von
dem Stufen der Freitreppe und ein großer Teil
der Außenmauern zu sehen sind; das Rechteck
in der Mitte des heutigen Baus entspricht dem
ältesten Teil. Zur Zeit der Republik (1. Jh. v.
Chr.) wurde der Tempel wieder aufgebaut und
an Flügeln und Frontseite erweitert.
LITERATUR: De Agostino 1949, S.10ff.

3

Theater von Fiesole
1. - 2. Jh. n. Chr.
Area archeologica, Via Dupré

Der Bau wurde in der frühen Kaiserzeit
begonnen und dann zur Zeit von Septimius
Severus umgebaut. Der halbkreisförmige
Zuschauerraum hat einen Durchmesser von 34
Metern; die neunzehn Stufenreihen sind der
natürlichen Geländeneigung angepaßt und in vier
Sektoren unterteilt; hier konnten dreitausend
Besucher Platz finden. Weniger gut erhalten
sind die Teile des Bühnen- und Orchesterraums.
LITERATUR: De Agostino 1949, S.5ff.

4

Reste der Thermen von Fiesole
1. - 2. Jh. n. Chr.
Area archeologica, Via Dupré
Das Gebäude wurde 1891 »entdeckt«; bis dahin wußte man nichts über die Funktion der seit jeher sichtbaren drei Bögen. Die Reste der großen Schwimmbecken und des gedeckten Wandelgangs, der sie umgibt, sind den drei Räumen »calidarium«, »tepidarium« und »frigidarium« zugeordnet worden, die sich im östlichen Teil befinden und nach den Ausgrabungen teilweise rekonstruiert wurden.
LITERATUR: De Agostino 1973, S.15ff.

5

Reste des römischen Amphitheaters
2. Jh. n. Chr.
Stadtviertel Santa Croce, Piazza de'Peruzzi, Via Torta
Seine Lage weit außerhalb der Ostgrenze des »castrum« entspricht der größten, in römischer Zeit erreichten Ausdehnung der Stadt. Heute ist lediglich die elliptische Form (mit einem Maximaldurchmesser von 126 Metern) erhalten geblieben, die am kurvenförmigen Verlauf der Hauswände in der Via de'Bentaccordi, Via Torta und um die Piazza de'Peruzzi erkennbar ist.
LITERATUR: Maetzke 1941, S.61ff.

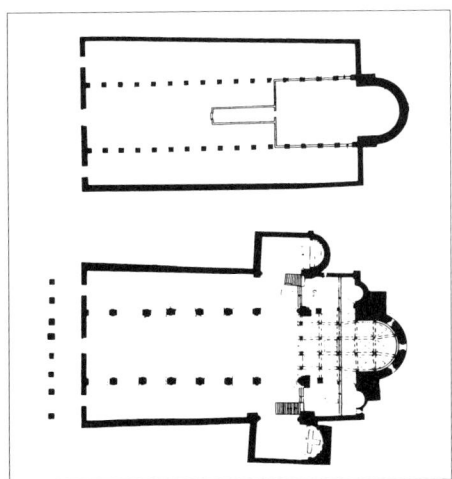

6

Reste der Kirche Santa Reparata
4. - 5. Jh. n. Chr.
Stadtviertel San Giovanni, Piazza San Giovanni (im Dom)
Dank der 1966-70 durchgeführten Ausgrabungen kann man unter dem Fußboden des Doms die Struktur der Vorgängerkirche erkennen, die als frühchristliche Basilika entstand, im Mittelalter dann umgebaut und 1374 schließlich abgerissen wurde.
Sie hatte drei Schiffe und einen erhöhten Chor und befand sich innerhalb der beiden ersten Joche des Doms.
LITERATUR: Bargellini-Morozzi-Batini 1970; Busignani-Bencini 1993, S.17ff.

STADTVIERTEL
SAN GIOVANNI

STADTVIERTEL
SANTA CROCE

STADTVIERTEL
SANTA MARIA NOVELLA

OLTRARNO
STADTVIERTEL SANTO SPIRITO

**GEBÄUDE AUSSERHALB
DES PLANS**

7 Badia a Settimo

9 Fiesole

10 S. Domenico di Fiesole

**Stadtviertel
18 Campo di Marte**

Das romanische Florenz

Das dreizehnte Jahrhundert brachte Florenz eine wirtschaftliche Blütezeit: Bezeichnend ist die Vorrangstellung der florentinischen Kaufleute auf den europäischen Handelsplätzen. Zwischen dem 12. und dem 13. Jahrhundert wuchs die Stadt, bis sie - auch was ihre Größe betraf - eine führende Stellung einnahm. Doch fand der wirtschaftliche Wohlstand in der Stadt Dantes keineswegs im Rahmen stabiler politischer Verhältnisse statt. Im »Jahrhundert der Florentiner«, das durch den Kampf der verschiedenen Parteien zerrissen war, wurden die angehäuften Reichtümer noch nicht in eine dem Rang der Stadt angemessene Architektur umgesetzt. »Ehern und mit Türmen bewehrt«, zeigte sich das Florenz des 13. Jahrhunderts in viele Teile zersplittert. Die Bauten gruppierten sich um die Wohntürme der mächtigsten Adelsfamilien, die deren repräsentatives Kennzeichen waren. Auf Initiative der Mönchsorden entwickelten sich außerhalb der Stadtmauern, in der Nähe der wichtigsten Knotenpunkte große Klosterkomplexe. Im 11. Jahrhundert waren es die Benediktiner, im 13. Jahrhundert dann die Franziskaner und Dominikaner, die sich an entgegengesetzten Rändern der Stadt niederließen und dort die Grundlage für die beiden großen Bauunternehmungen des 14. Jahrhunderts schufen: Santa Croce und Santa Maria Novella.

Lediglich im letzten Abschnitt des Jahrhunderts - nach dem Sieg der Guelfen-Partei und nach der politischen Behauptung der Zünfte - wurde es möglich, eine Reihe großer öffentlicher Bauvorhaben in Gang zu bringen: die neue Stadtmauer, den Palazzo dei Priori und vor allem das große Bauwerk von Santa Maria del Fiore (Arnolfo di Cambio wurde der große Protagonist dieses neuen Aufschwungs der Bautätigkeit).

7

Badia San Salvatore
10. Jahrhundert und spätere Veränderungen
Ortschaft Badia a Settimo (bei der Ausfahrt
Signa, Autostrada del Sole), Scandicci
Die heutige Erscheinung der typischen Vorort-
Kirche versteckt das, was in der Vergangenheit
einer der größten Klosterkomplexe der Benediktiner war, der sich in enger Verbindung
mit der Flußschiffahrt auf dem nahen Arno
entwickelt hatte. Die Originalstruktur ist weniger im Kloster selbst - dieses wurde von den Zi-
sterziensern im 13. Jahrhundert erweitert und
verändert - als vielmehr an der Frontfassade und
im dreiteiligen Grundriß erkennbar.
LITERATUR: Salmi 1961, S.29ff.

8

Badia fiorentina
1282-1335
Arnolfo di Cambio und andere
Stadtviertel Santa Croce, Via del Proconsolo
Die Kirche wurde im 10. Jahrhundert von den
Benediktinern an der Ostgrenze der ummauerten
Stadt gegründet. Ihren heutigen Zustand erhielt
sie durch eine Reihe von späteren Eingriffen, von
denen der erste Arnolfo di Cambio ab 1282
zugeschrieben wird. Er reduzierte den Innenraum
auf ein Schiff und kreuzte ihn mit Rundbogen-
arkaden. In der neuen symmetrischen Anlage findet auch die Basis des Glockenturms Platz, der bereits gewaltsam in das ursprüngliche Kirchenschiff
eingefügt worden war. Bei der Neugestaltung des
17. Jahrhunderts wurden Eingang und Hauptfassade um 90 Grad gedreht. Der um 1330 gebaute achteckige Turm ist der bekannteste Teil des
Baus und gehört zu den elementaren Wahrzei-
chen der Stadtlandschaft. Die länglichen, zweibogigen Fenster und die spitze Turmhaube, deren Gestaltung übli-
cherweise der ge-
schickten Hand Arnol-
fos zugeschrieben
wird, verleihen dem
Campanile eine große
Schlankheit.
LITERATUR: Romanini
1969, S. 171ff.; Lopes
Pegna 1972, S. 94ff.;
Busignani-Bencini 1982,
S. 173ff.

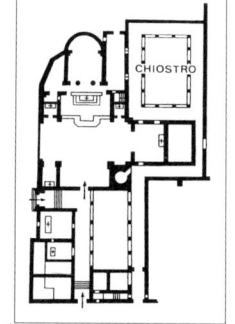

9

Dom von Fiesole
1024-28 und spätere Veränderungen
Piazza Mino da Fiesole, Fiesole
Gleichzeitig mit dem Neubau der Badia (von der sich ihre Rolle als Bischofskirche ableitet) wurde das romanische Gebäude im 13. Jahrhundert erweitert und dann in moderner Zeit verändert. Die radikale Restaurierung des 19. Jahrhunderts hat die Originalanlage mit drei Langschiffen und einem Querschiff, mit halbkreisförmiger Apsis und erhöhtem Chor wieder sichtbar gemacht.
LITERATUR: Salmi 1961, S. 16ff. und S. 35ff.

10

Badia fiesolana
1025-28 und spätere Veränderungen
Ortschaft San Domenico di Fiesole, Via di Badia
Die Kirche und das Kloster der Kamaldulenser sind im Frühmittelalter gegründet worden: Der erste Wiederaufbau stammt aus dem 11. Jahrhundert. Im 15. Jahrhundert wurden während eines weiteren Eingriffs weitreichende Veränderungen vorgenommen (vgl. Nr. 81). Als einziges Zeugnis des ersten romanischen Neubaus blieb ein Teil der Fassade erhalten: Sie zeigt sich heute als ein außergewöhnliches, polychromes Einzelstück in der nackten Fassade einer großen unvollendeten Vorderseite. Im Zentrum dieses sich in besonders ausgewogenem Gleichgewicht befindlichen Beispiels zweifarbiger Architektur stehen drei Blendarkaden. Gemeinsam mit dem darüberliegenden Teil sind sie durch geometrische Motive gegliedert, die ihr architektonisches Gefüge betonen und einer typischen Formensprache der florentinischen Romanik folgen. Einer ähnlichen Art von Verkleidung begegnet man auch am Baptisterium und an der Kirche San Miniato al Monte.
LITERATUR: Guidotti-Sestan-Adriani 1982

11

San Miniato al Monte
1018-1207 und spätere Veränderungen
Oltrarno, Ortschaft Monte alle Croci

Eines der bedeutendsten Beispiele der polychromen Romanik, dessen Reiz durch die isolierte Lage auf dem Hügel gegenüber dem historischen Stadtzentrum noch verstärkt wird. Die vielen Umbauarbeiten haben den Charakter der um das Jahr 1000 herum entstandenen Kirche nicht verändert. Das ist sowohl an der originalen marmornen Inkrustation und ihrer zweifarbigen Geometrie als auch am Grundriß ablesbar; der dreischiffige Bautyp wird hier von einem erhöhten Chor abgeschlossen, hinter dem die Apsiswölbung hervortritt. Die Homogenität verbirgt einen langen Bauprozeß, der mit der Entscheidung des Bischofs Hildebrand für den Bau der frühmittelalterlichen Kirche (um 1018) begann; das Ende der Arbeiten dagegen wird auf den Anfang des 13. Jahrhunderts datiert, als die charakteristische Fassade mit dem durch das Satteldach bestimmten Dreiecksgiebel fertiggestellt war. Die Fassade ist sehr einfach, durch eine doppelte Architekturordnung gegliedert und mit zweifarbigem Marmor nach einem präzisen geometrischen Plan verkleidet. Wie im Baptisterium ist auch hier in den unteren Bereich eine Folge von Blendarkaden gesetzt. Darüber werden durch die Abfolge von Lisenen Rhythmen und geometrische Flächen geschaffen, die durch den Farbkontrast betont sind. Auch im Innenraum wird das durch polychrome Wandfelder gebildete Muster weitergeführt, die durch Bögen entlang der Raumgrenzen rhythmisch gegliedert sind. Als Beweis eines »antikisierenden« Geschmacks soll mit einzelnen Bauelementen die Kontinuität zur griechisch-römischen Welt betont werden. So treffen wir auf Säulen-Teile, die aus Gebäuden aus klassischer Zeit stammen, ebenso wie auf Elemente, deren Form offensichtlich durch klassische Vorgaben inspiriert sind

LITERATUR: Gurrieri 1969; Busignani-Bencini 1974, S. 217ff.; Moretti-Stopani 1984, S. 119ff.; Gurrieri-Berti-Leonardi 1988

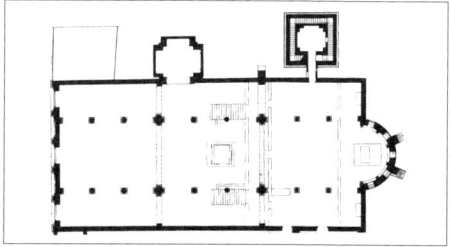

12

Battistero di San Giovanni
11. - 13. Jahrhundert und spätere
Veränderungen
Stadtviertel San Giovanni, Piazza San
Giovanni

Das Gebäude ist dem Schutzheiligen der Stadt geweiht und entstand an einem Ort, der seit römischer Zeit für den Gottesdienst bestimmt war.
Über seine Ursprünge ist wenig bekannt, auf jeden Fall aber reichen sie auf eine Zeit vor dem
Jahre 1000 zurück. Es ist kein Zufall, daß das Baptisterium Symbol für das mittelalterliche Florenz wurde, als die Stadt eine ideelle Kontinuität mit der klassischen Antike herzustellen
suchte. Bis 1128 war hier der Sitz der Kathedrale,
die dann in die Kirche Santa Reparata verlegt wurde, dem ersten Kern des zukünftigen Doms.
Das Baptisterium zeigt sich uns als ein Bau mit
acht gleichen Seiten, in dessen eine Seite ein
rechteckiger Körper eingesetzt ist. In großer
Einfachheit folgt die polychrome Marmor-Verkleidung einem geometrischen Muster: Hier
wird die architektonische Gliederung auf zwei-
dimensionaler Ebene wieder aufgenommen.
Geometrische Motive füllen auch Zwickel und die
Wandfelder zwischen den dreifachen Arkaden auf
jeder Seite: Sie tauchen sodann im oberen Strei-
fen wieder auf, der die Baumasse mit dreiecki-
gen Kuppelsegmenten verbindet. Im Sockelbereich
dieses »zweifarbigen Triumphs der Geometrie«
befinden sich die drei Türen, von denen zwei
berühmte Werke von Lorenzo Ghiberti sind.
Auch an den Innenwänden wiederholt sich die
dreiteilige Gliederung. Im oberen Abschnitt erkennt man durch die Öffnungen der zweibogigen Fenster einen Zwischenraum, der die Zwei-
schaligkeit der Außenmauer erkennen läßt. Eine
Lösung, die Brunelleschi wahrscheinlich beim
Entwurf der Kuppel inspiriert hat.

LITERATUR: Marchini 1972; Pietramellara 1973;
Moretti-Stopani 1984, S. 93ff.; Busignani-Bencini 1988

13
Torre della Pagliazza
6. und 11. - 12. Jahrhundert
Stadtviertel San Giovanni, Piazza Santa
Elisabetta 3

Von den byzantinischen Ursprüngen zeugt der
für das mittelalterliche Florenz recht ungewöhnliche kreisförmige Grundriß. Nach dem
Jahre 1000 wird der Torre della Pagliazza Teil
des Frauengefängnisses (daher der Name), danach wird er Glockenturm der heute zerstörten
Kirche San Michele. Nach 1970 wurden die Gebäude, die den unteren Teil verdeckten, abgerissen
LITERATUR: Bargellini-Guarnieri 1973, S. 47

14
Chiesa dei Santi Apostoli
10. - 11. Jahrhundert und spätere
Veränderungen
Stadtviertel Santa Maria Novella, Piazzetta
del Limbo

Die vor dem Jahre 1000 außerhalb der Stadt ge-
gründete Kirche enthält in ihrem Innern, das
noch Strukturen der basilikalen Form aufweist,
einige seltene Bauelemente der Entstehungszeit
(Säulen aus grünem Marmor, Kapitelle). In der
Mitte der in den dreißiger Jahren radikal re-
staurierten Fassade ist das Portal aus dem 15.
Jahrhundert erhalten.
LITERATUR: Lopes Pegna 1972, S. 32; Busignani-
Bencini 1979, S. 77ff.

15
Chiesa di San Salvatore al Vescovo
11. Jahrhundert und spätere
Veränderungen
Stadtviertel San Giovanni, Piazza dell'Olio

Die an den Bischofspalast angeschlossene Kirche
ist seit ihrer Gründung im 11. Jahrhundert
mehrmals umgebaut worden. Im unteren Teil
der Fassade sticht die im 13. Jahrhundert aus
zweifarbigem Marmor gestaltete dekorative
Wandgliederung hervor; mit den wirkungsvoll
gefüllten Arkadenflächen beruft sie sich auf die
größten Beispiele dieser Art (Baptisterium, San
Miniato).
LITERATUR: Busignani-Bencini 1993, S. 161ff.

16

Chiesa di Santa Maria Maggiore
11. - 13. Jahrhundert
Stadtviertel Santa Maria Novella, Via de'Vecchietti

Diese nach dem Jahr 1000 gegründete Kirche ist eine der ältesten von Florenz; ihre heutige Form ist allerdings die des in der zweiten Hälfte des 13. Jahrhunderts errichteten Neubaus. Die stark veränderte Fassade wie auch die Seitenwand bestehen aus »Pietra viva«. Der ebenso einfach gestaltete Innenraum hat drei Schiffe mit Rundbögen und Kreuzgewölbe.
LITERATUR: Lopes Pegna 1972, S. 40; Busignani-Bencini 1979, S. 105ff.

17

Chiesa di Santo Stefano al Ponte
11. - 12. Jahrhundert und spätere Veränderungen
Stadtviertel Santa Croce, Piazza Santo Stefano

Von dem ursprünglichen Gebäude hat sich lediglich ein Teil der romanischen Fassade um das in polychromem Marmor gearbeitete Portal aus dem 14. Jahrhundert herum erhalten. Im Innern sind nur noch die Umrisse der Außenwände des Seitenschiffes zu erkennen, da während eines massiven Eingriffs im 17. Jahrhundert die romanische dreischiffige Anlage in eine Hallenkirche verwandelt wurde (vgl. Nr. 146).
LITERATUR: Busignani-Bencini 1979, S. 113ff.

18

Chiesa di San Michele a San Salvi
11. - 16. Jahrhundert
Stadtviertel Campo di Marte, Piazza San Salvi

Die Kirche ist Teil einer Klosteranlage, die von den Vallombrosanern im 11. Jahrhundert gegründet wurde. Während der Belagerung von Florenz im Jahr 1529 halb zerstört, wurde die Anlage wiederaufgebaut, doch die Form des Portikus an der Fassade verweist besonders deutlich auf ihren durch das 16. Jahrhundert geprägten Charakter. Der einschiffige Innenraum über einem Grundriß in Form des lateinischen Kreuzes hat eine rechteckige Apsis, wie es die klösterlichen Baugesetze vorschreiben.
LITERATUR: Wigny 1991, S. 242ff.

19

Chiesa di San Jacopo sopr'Arno
12. Jahrhundert und spätere
Veränderungen
Oltrarno, Vorort San Jacopo
Wichtigster Bauteil ist die in den Gesamtkomplex eingefügte romanische Kirche, die in späteren Epochen zahlreiche Umbauten erfahren hat, unter anderem entstand dabei der dreibogige Portikus. Die Restaurierungsarbeiten nach der Überschwemmung von 1966 haben die ursprünglichen architektonischen Formen wie die Säulen und die Bögen mit der Einfassung aus zweifarbigem Marmor im Innenraum deutlicher hervortreten lassen.
LITERATUR: Busignani-Bencini 1974, S. 155ff.

20

Chiesa di San Jacopo am Campo Corbolini
12. - 13. Jahrhundert und spätere
Veränderungen
Stadtviertel Santa Maria Novella, Via Faenza
Die ungewöhnliche Fassade mit Portikus stellt eines der wenigen Beispiele für einen bis in unsere Tage erhaltenen mittelalterlichen Atrium dar. Mit seinen Rundbogen-Arkaden und den massiven Kapitellen hat er die späteren Umbauarbeiten überlebt. Das Innere der ehemaligen Kirche der Malteser-Ritter ist im Stil des 14. Jahrhunderts gestaltet, einschiffig mit zwei Jochen und Kreuzgewölbe.
LITERATUR: Busignani-Bencini 1979, S. 253ff.

21

Chiesa di San Remigio
13. - 14. Jahrhundert
Stadtviertel Santa Croce, Via San Remigio
Die nach dem Jahre 1000 neben einem Hospiz für französische Wallfahrer gegründete Kirche wurde gegen Ende des 13. Jahrhunderts in einfachen Formen neu aufgebaut, mit einer Satteldach-Fassade und Zwerggalerie im Giebelfeld. Im Innenraum zeigt sich der bereits über die Entstehungszeit hinausweisende gotische Charakter in den Spitzbogen-Arkaden, die gemeinsam mit den achteckigen Pfeilern die drei Schiffe gliedern.
LITERATUR: Lopes Pegna 1972, S. 34

22

Torre della Castagna
13. Jahrhundert
Stadtviertel Santa Croce, Piazza San
Martino 1
Dieser kompakte, aber schlanke Turm wurde zur
Bewachung der Abtei errichtet. Der Kaiser stif-
tete ihn den Mönchen; sie wiederum gaben ihn
an die Stadt Florenz ab, die ihn - vor Fertig-
stellung des Palazzo Vecchio - zum Sitz für die
Priori alle Arti machte. Mit dieser Funktion
wurde auch dem Gebäude die Eigenschaft,
»über allen Parteien« zu stehen, zugesprochen.
Das schützte den Turm davor, im Verlauf des
Parteienstreits abgerissen zu werden.
LITERATUR: Bargellini-Guarnieri 1973, S. 38

23

Casa-torre delle Vedove (oder dei Ghiberti)
13. Jahrhundert
Stadtviertel San Giovanni, Via del Corso
48 rosso
Die ungewohnte Form dieses Gebäudes, das
einem länglichen Quader ähnelt, legt die Ver-
mutung nahe, daß es sich um den Zusammenschluß mehrerer Bauten handelt. Im 13. Jahrhundert gehörte das Turm-Haus zum Verteidi-
gungssystem, das damals den ausgedehnten,
von der Familie Adimari kontrollierten Teil der
Stadt umfaßte. Am Ende des 14. Jahrhunderts
wird Lorenzo Ghiberti als Eigentümer akten-
kundig (daher der häufig benutzte Name).
LITERATUR: Cappellini-Cardini 1992, S. 36

24

**Casa-torre dei Corbizi (oder dei
Donati)**
13. Jahrhundert
Stadtviertel Santa Croce, Piazza San Pier
Maggiore 35
Der besonders schlanke Bau entwickelt sich auf
sechs unterschiedlichen Niveaus. Ursprünglich
stand er außerhalb der Mauern und erlaubte die
Kontrolle über den Vorort der Albizi, eine stra-
tegische Schlüsselposition für den Zugang zur Via
di Roma. Er befand sich im Besitz der guelfi-
schen Familie der Donati (daher der alternativ
benutzte Name).
LITERATUR: Bargellini-Guarnieri 1973, S. 111

25

Casa-torre dei Marsili

13. Jahrhundert

Oltrarno, Borgo San Jacopo 7

Ein weiterer Geschlechterturm außerhalb des vorletzten Mauerrings wurde zur Verteididung der unter der Kontrolle der ghibellinischen Familie der Ramaglianti stehenden »Albergheria« errichtet. Im Vergleich zu ähnlichen Beispielen weist er eine weniger zufällige Anordnung der Architektur- und Dekorationselemente auf, von denen einige offensichtlich im 19. Jahrhundert angefügt wurden.

LITERATUR: Bargellini-Guarnieri 1973, S. 150ff.; Medri-Caliterna 1986

26

Casa-torre degli Amidei

13. Jahrhundert

Stadtviertel Santa Maria Novella, Via di Por Santa Maria 9, 11

Das Turm-Haus wird auch »della Bigoncia« (Bütte) genannt, mit Bezug auf die Tätigkeit der Familie der Eigentümer. Das kompakte Mauerwerk zeigt ein ungewohntes Repertoire an Öffnungen und Dekorationselementen, die zum Teil auf drastische Restaurierungseingriffe des 19. Jahrhunderts zurückgehen. Es gibt unterschiedliche Auffassungen über die Echtheit der Löwenköpfe, durch die der Turm vor allem bekannt wurde.

LITERATUR: Bargellini-Guarnieri 1973, S. 78ff.

27

Casa-torre degli Alberti

13. Jahrhundert

Stadtviertel Santa Croce, Via de'Benci, Ecke Borgo Santa Croce

Mit seinen drei Fassaden und dem fünfeckigen Grundriß paßt sich das Gebäude der eckigen Form des Häuserblocks an; endlich einmal sehen wir hier also einen Turm, der nicht versucht, sich der Umgebung aufzuzwingen, sondern der sich harmonisch in sie einfügt. Im unteren Bereich hat er eine aus dem 15. Jahrhundert stammende, seltsame kleine Loggia mit Überdachung und kleinen, schlanken Säulen, die einem der ältesten Cafés der Stadt den Namen geben.

LITERATUR: Bargellini-Guarnieri 1973, S. 121ff.

28
Porta San Gallo
1284
Stadtviertel Santa Maria Novella, Piazza della Libertà

Es ist eines der drei 1284 gebauten Stadttore, bei denen es sich um die ersten handelt, die gemeinsam mit dem neuen, soeben begonnenen Mauerring errichtet wurden. Hier wird stärker als anderswo der gewaltsame Charakter des städtebaulichen Eingriffs deutlich, der das Tor in der Mitte des Platzes isoliert und es aus dem ursprünglichen Sinnzusammenhang gerissen hat.

LITERATUR: Bargellini-Guarnieri 1973, S. 171

29
Porta al Prato
1284
Stadtviertel Santa Maria Novella, Viale Fratelli Rosselli

Die Porta al Prato ist ebenfalls eines der drei gleichzeitig mit den Verteidigungsanlagen im 13. Jahrhundert gebauten Stadttore. Es ist der Porta San Gallo recht ähnlich und hat die wesentlichen Elemente der Bauart bewahrt: das typische Portal mit doppeltem Bogen und darüber die Falltüren und Durchgänge, die zur Kontrolle und Verteidigung dienten.

LITERATUR: Bargellini-Guarnieri 1973, S. 180

30
Palazzo de'Mozzi
1260-73
Oltrarno, Via San Niccolò 123

Im letzten Viertel des 13. Jahrhunderts galt er als der Palast par excellence: Tatsächlich wurde hier eine erste frühe Form des Palastes verwirklicht und man kann - trotz aller Umbauarbeiten - sehr gut den Übergang vom Turm-Haus zum Gebäudetyp des 13. Jahrhunderts erkennen. Ein Beweis für das hohe Ansehen, das dieser Bau genoß, ist, daß hier bedeutende Persönlichkeiten, von Papst Gregor X. bis zum Herzog von Athen, beherbergt wurden.

LITERATUR: Ginori Lisci 1972, S. 683ff.; Bucci-Bencini 1973/c, S. 61ff.

31

Il Bargello (oder Palazzo del Popolo)
1256-1327, um 1345-50
Neri di Fioravante, Benci di Cione
Stadtviertel Santa Croce, Via del Proconsolo
Der Bargello wird traditionsgemäß als höchster Ausdruck der Profan-Architektur des 13. Jahrhunderts angesehen, auch wenn er in Wirklichkeit eine Synthese von Elementen aus dem 13. und dem 14. Jahrhundert ist. Er war als Sitz der städtischen Einrichtungen geplant (Palast des Volkes) und wurde dann Sitz des Podestà, mit dessen Namen er noch heute verknüpft wird. Seit dem 16. Jahrhundert nahm er den Bargello, den Polizeipräsidenten, auf und wurde zum Schauplatz der Enthauptungen. Die Adjektive »finster« und »ehern« werden immer wieder benutzt, um dieses Gebäude zu charakterisieren, das als eine große kubische Masse entworfen und neben den bereits bestehenden Volognana-Turm gesetzt wurde. Eine schwungvolle und doch monolithisch aufragende Erhebung. Der Bau aus gleichförmigen Steinblöcken wird im 13. Jahrhundert bis zum zweiten Gurtgesims vorangeführt. Der darüber liegende Teil wurde nach dem Brand von 1323 hinzugefügt, wie auch die Bekrönung mit Zinnen und Kragsteinen. Der Grundriß strukturiert sich um einen Hof mit Außentreppe, die die Obergeschosse bedient, nach dem typischen Schema des Kaufmannshauses im 13. Jahrhundert. Die einzigen Öffnungen in den geschlossenen Innenfassaden sind der Portikus im Erdgeschoß und die Loggia im ersten Stock. Hier taucht in den strukturellen Entscheidungen wie auch in den dekorativen Motiven ein Merkmal auf, das bereits den Geist des folgenden Jahrhunderts ankündigt: Man sehe sich die Kreuzgewölbe an, die abwechselnd auf Pfeilern und Konsolen aufliegen. Sie sind nach einem Modell gestaltet, das von Brunelleschi im Ospedale degli Innocenti ausgearbeitet wurde. Seit 1865 ist der Bargello Sitz eines vor allem der Skulptur gewidmeten Nationalmuseums. 
LITERATUR: Berti 1969; Bucci-Bencini 1971, S. 63ff.

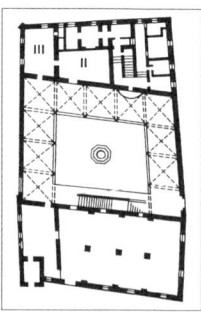

32

Palazzo Feroni-Spini
Ab 1289
Stadtviertel Santa Maria Novella, Piazza
Santa Trinità, Ecke Borgo Santi Apostoli

Die kompakte Baumasse aus »Pietra viva« wird von einem auskragenden Zinnenkranz bekrönt, der um den ganzen Bau verläuft; dieses auch am Bargello verwendete Motiv hat mit aller Wahrscheinlichkeit den Entwurf für den Palazzo Vecchio beeinflußt, der wenige Jahre später gebaut wurde. Mit seiner dreigeschossigen, durch Fenster mit Flachbogen gegliederten Fassade setzt das Gebäude die Normen für den Palast, wie er sich im Übergang vom 13. zum 14. Jahrhundert herausbilden sollte. Ohne Türme und besondere Erhebungen sollte er eine gleichmäßige Höhe haben und damit den neuen Baunormen für Privatgebäude entsprechen.
Zwischen 1861 und 1871 war der Palast Sitz der Stadtverwaltung; später hat ein drastischer Restaurierungseingriff sein mittelalterliches Aussehen überbetont, alle nicht originalen Zeugnisse entfernt und das große Volumen aus dem Bauzusammenhang isoliert. Bei dieser Gelegenheit sind drei der Läden eröffnet worden, die heute in geschlossener Reihe das Erdgeschoß einnehmen.
LITERATUR: Ginori Lisci 1972, S. 127ff.; Bucci-Bencini 1973/b, S. 33

33

Palazzo Gianfigliazzi
Um 1290
Stadtviertel Santa Maria Novella, Piazza
Santa Trinità 1
Auch die Fassade dieses Gebäudes läßt die am Ende des 13. Jahrhunderts geltenden Baunormen erkennen. Der Palast war Teil eines der wichtigsten architektonischen Knotenpunkte der Stadt am Ende des 13. Jahrhunderts, gemeinsam mit dem Palazzo Frescobaldi (auf der anderen Seite des Arno) und dem Palazzo Feroni-Spini ihm gegenüber: Von diesem übernimmt er das Fassaden-Muster mit dem Abschluß durch den Laufgang mit Zinnenkranz.
LITERATUR: Palazzi fiorentini 1972, S. 115ff.

STADTVIERTEL
SAN GIOVANNI

STADTVIERTEL
SANTA CROCE

STADTVIERTEL
SANTA MARIA NOVELLA

OLTRARNO
STADTVIERTEL SANTO SPIRITO

**GEBÄUDE AUSSERHALB
DES PLANS**

45 Fiesole

46 Ortschaft Galluzzo

Das gotische Florenz

Der Architekt Arnolfo di Cambio gilt als Meister derjenigen Bauwerke, die schon durch ihre Größe und vertikale Dynamik einen Bruch mit der Vergangenheit darstellen. Dabei denkt man vor allem an zwei Werke außerhalb der mittelalterlichen Stadtmauern: den Palazzo dei Priori und die Kirche Santa Croce. Beide Gebäude - das eine Zentrum des öffentlichen Lebens, ein großes Gotteshaus das andere - spiegeln deutlich den Stolz einer Stadt wider, die sich nunmehr ihrer wirtschaftlichen und kulturellen Vormachtstellung bewußt war.

Mit Santa Maria Novella und Santa Trinità ist Santa Croce Teil eines Systems, das sich damals an den strategischen Punkten der Stadt herausbildete. Die bereits im vorigen Jahrhundert ausgearbeiteten und begonnenen Erweiterungsprojekte wurden im 14. Jahrhundert zu Ende geführt. Es handelte sich um regelrechte Laboratorien, in denen man sich die im 12. und 13. Jahrhundert von jenseits der Alpen importierte Kunst der Zisterzienser aneignete und zu originellen Lösungen umformte, die dann das Formenrepertoire der »italienischen Gotik« anregten.

Unabhängig von der Interpretation einzelner Entwicklungen kann man feststellen, daß in dieser Zeit Lösungen und Techniken in der Architektur vorweggenommen wurden, die ihren höchsten Ausdruck im größten Bauwerk des florentinischen 14. Jahrhunderts finden sollten - im Dom Santa Maria del Fiore. In der Stadt Petrarcas, Boccaccios und Giottos stellte die Dombauhütte die Voraussetzung für die außergewöhnliche künstlerische Blütezeit dar, die sich im 15. Jahrhundert entwickelte. Der Dom wurde in der Tat zur ersten Bühne jener Revolution, die in Brunelleschi ihren größten Protagonisten hatte.

34

Palazzo Vecchio (oder dei Priori)
1299 - 1314
Arnolfo di Cambio
Stadtviertel Santa Croce, Piazza della Signoria

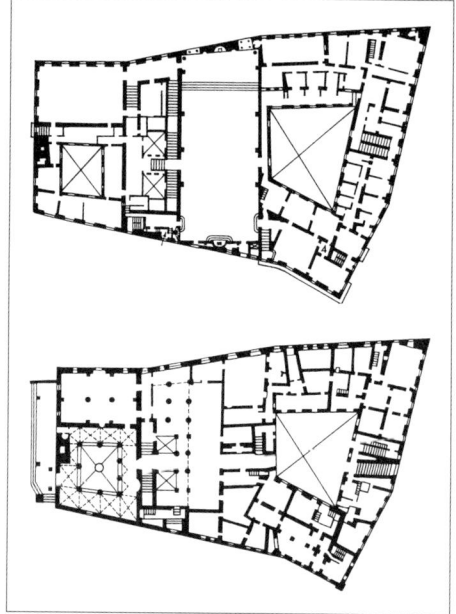

Der Palast stellt den höchsten Ausdruck der weltlichen Bautätigkeit in Florenz zur Zeit der Kommunen dar. Er stieg dann als Ausdruck der Verbundenheit mit dem Mittelalter zum Symbol der Stadt selbst auf. In Wirklichkeit muß das Gebäude in Bezug zu einer bestimmten historischen Phase verstanden werden, und zwar derjenigen Phase, die durch den Rahmen der neuen Verfassungsreform von 1298 bestimmt wurde (die sogenannten »Ordinamenti di giustizia«). Tatsächlich sollte das Gebäude anfangs die Priori delle Arti (Zunftvorsteher) aufnehmen (daher der ursprüngliche Name Palazzo dei Priori). Eine Art »Poetik der Kontraste« kennzeichnet seine Linien, insbesondere in dem Teil, der an der eigens für diesen Bau gestalteten - dies war nur durch den Abriß der Häuser einer besiegten Familie, der Uberti, möglich - Piazza liegt. Die elegant auskragenden und regelmäßig angeordneten zweibogigen Fenster unterbrechen das gleichförmige Bossenwerk der Baumasse. Die Zinnen-Bekrönung schließlich betont den festungsartigen Charakter und verleiht den bereits mächtigen Mauermassen des unteren Baukörpers Solidität. Den vertikalen Schwung erhält die Baumasse durch den großen, Arnolfo zugeschriebenen Campanile, der um 1310 fertiggestellt wurde. Er ersetzt den vorher dort bestehenden Turm de'Foraboschi, dessen Basis dem Baukörper einverleibt ist. Den Abschluß des Turms bildet ein dem Hauptgebäude ähnlicher, auskragender Laufgang. Der Grundriß des Gebäudes aus dem 14. Jahrhundert ist um einen fünfeckigen Hof herum angelegt, nach einem bereits im Bargello bewährten Modell. Im Innern ist vieles durch Eingriffe des 15. und 16. Jahrhunderts verändert worden, auf die auch die Erweiterungsbauten in Richtung Via dei Leoni zurückgehen (vgl. Nr. 116).
LITERATUR: Bucci-Bencini 1971, S. 43ff.; Lensi Orlandi 1977

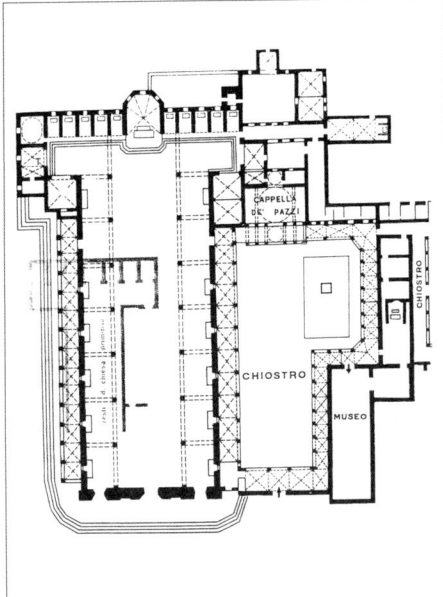

35
Chiesa und Convento di Santa Croce
Ab 1294
Arnolfo di Cambio und andere
Stadtviertel Santa Croce, Piazza Santa Croce

Der Bau der heutigen Anlage unter Arnolfos Leitung wurde um 1294 begonnen und fügt sich damit in die großen Bauvorhaben der Jahrhundertwende ein. Am Ende des 13. Jahrhunderts wurden mit dem Bau des neuen Mauerrings die Pläne für den vorgesehenen Standort zunichte gemacht, der Komplex befand sich nun nicht mehr außerhalb, sondern innerhalb der Stadtmauern. Für die franziskanische Ansiedlung war dies ein entscheidendes Faktum, das vielleicht am Ursprung jenes Bauprozesses stand, der sich bis zum späten 15. Jahrhundert hinzog (die berühmten Freskenzyklen von Giotto entstanden um 1320). Der endgültige Bauplan der Kirche scheint dem Schema des ägyptischen Kreuzes zu folgen: Der zentrale Baukörper ist in drei Schiffe und acht Joche unterteilt, wobei das letzte Joch sich in der Querrichtung ausweitet und so Rolle und Gewicht eines Querschiffs annimmt. In dem in seiner konzeptuellen Einfachheit und konstruktiven Rationalität außergewöhnlichen Aufbau des Inneren meinten verschiedene Kritiker, eine entscheidende Etappe in der Erarbeitung der eigenständigen gotischen Formen zu erkennen (vgl. Romanini 1969). In Wirklichkeit entfernen sich die Richtlinien dieses Baus nicht sehr von den Gewölbestrukturen, die in zeitgenössischen Beispielen Verwendung fanden, wie im Dom oder in Santa Trinità. Eine Reihe von achteckigen Pfeilern tragen große Spitzbögen, die gemeinsam mit den Lisenen das Hauptschiff gliedern und sich mit den Querbögen der Seitenschiffe verbinden. Die Idee, hier eine Art von zunächst toskanischem, dann italienischem Pantheon zu verwirklichen, stammt bereits aus der Zeit der Medici, verfestigte sich jedoch insbesondere im Laufe des 18. und 19. Jahrhunderts (die Fassade und der Campanile stammen aus dieser Zeit: vgl. Nr. 188).

LITERATUR: Braunfels 1938; Busignani-Bencini 1982, S. 23ff.; Baldini-Nardini 1983

36

Dom (oder Chiesa di Santa Maria del Fiore)

1296 - 1421

Arnolfo di Cambio und andere

Stadtviertel San Giovanni, Piazza del Duomo

In seiner traditionsgemäß Arnolfo zugeschriebenen Anfangsphase ist der Bau des Doms zeitgleich mit dem Bau des Palazzo Vecchio, zu dem er eine Art religiöses Pendant darstellt. Danach verlief die Baugeschichte jedoch ganz verschieden: Im Unterschied zum Palazzo Vecchio nimmt die Abwicklung der kolossalen Bauarbeiten für Santa Maria del Fiore nahezu eineinhalb Jahrhunderte florentinischen Lebens in Anspruch. Das Unternehmen sollte erst mit dem Kuppelbau in der Renaissance zum Abschluß kommen, und an der Fassade wurde noch im 19. Jahrhundert gebaut (vgl. Nr. 62 und 191).

Der für das 14. Jahrhundert untypische Grundriß scheint die Schwierigkeiten bei der Ausführung zu offenbaren: Er entstand aus der Verschmelzung zweier unterschiedlicher Systeme, der Anlage des Baukörpers in der Längsachse und der Anlage des Querschiffs mit der Apsis, die zusammen einen autonomen Abschnitt auf Zentralgrundriß darstellen. In der Mitte befindet sich der große leere Raum, für dessen Abdeckung die Rationalität Brunelleschis nötig war. Arnolfos Nachfolger in der Leitung der Bauhütte sind Andrea Pisano, Francesco Talenti und Giovanni di Lapo Ghini. Arnolfo werden die Seitenteile und der dreischiffige Baukörper zugeschrieben, der vielleicht in weniger grandiosen Formen geplant war, als sie sich heute präsentieren. Von den vier großen Jochen entsprechen die beiden ersten der Lage des Vorgängerbaus, der Basilika Santa Reparata (vgl. Nr. 6). An den Seiten betont eine Gitterstruktur aus polychromem Marmor die Bauglieder. Die ältere, rechte Seite lieferte das Modell für die nicht vor dem 15. Jahrhundert fertiggestellten übrigen Teile.

LITERATUR: Marchini 1972; Poggi 1988; Busignani-Bencini 1993, S. 39ff. und 89ff.

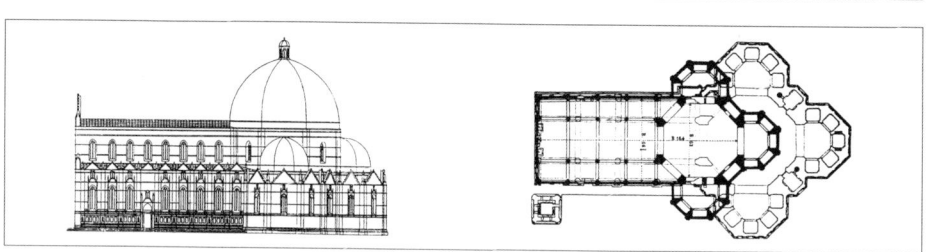

37

Campanile des Doms (oder di Giotto)
1334-57
Giotto und andere
Stadtviertel San Giovanni, Piazza del Duomo

Das vertikale Element des Doms, der fast fünfundachtzig Meter hohe Turm wurde vierzig Jahre nach Eröffnung der Dombauhütte in Angriff genommen. Seine Basis ist ein Quadrat mit fünfzehn Metern Kantenlänge, und an den vier Ecken hat er eine Verstärkung durch achteckige Raumkörper. Die Hand der drei Künstler, die sich bei der Leitung der Bauarbeiten abgelöst haben, ist in den drei unterschiedlichen, vertikalen Abschnitten erkennbar. Die Giotto zugeschriebene Sockelzone zeigt sich als geschlossene, allein durch Bänder und Wandfelder gegliederte Baumasse. Der Mittelteil stammt von Andrea Pisano und weist Nischen mit Statuen und schießschartenartige Fenster auf. Der letzte Teil schließlich (Werk von Francesco Talenti) hat zwei- und dreibogige Fenster mit spitzen Giebeln, die die vertikale Sequenz abschließen. In diesem Teil entfernen sich die architektonischen Motive am stärksten von denen an den Seitenfassaden des Doms. Am gesamten Turm ist der Wandschmuck im Gegensatz zu Arnolfos Gebäude dreifarbig, mit einem Wechsel von rotem, grünem und weißem Marmor.
LITERATUR: Trachtenberg 1971; Marchini 1972; Busignani-Bencini 1993, S. 50ff.

38

Loggia del Bigallo
1352-58
Alberto Arnaldi
Stadtviertel San Giovanni, Piazza del Duomo

In der aus drei, zu den Seiten hin offenen Jochen bestehenden Loggia sollen die Waisenkinder zur Adoption ausgestellt worden sein, die eben deshalb »Bigallini« genannt wurden. Beträchtliche Umbauten und schließlich die radikalen Restaurierungseingriffe in der zweiten Hälfte des 19. Jahrhunderts stellten die Bauelemente des 14. Jahrhunderts wieder deutlicher heraus: das vorspringende Dach, die zweibogigen Fenster und Arkaden, die in jüngerer Zeit zum Teil geschlossen wurden.
LITERATUR: Saalman 1969

39

Chiesa und Convento Santa Maria Novella
1278-1360
Stadtviertel Santa Maria Novella, Piazza Santa Maria Novella

Ab der zweiten Hälfte des 13. Jahrhunderts siedelte sich das Dominikanerkloster gegenüber und symmetrisch zur Anlage von Santa Croce an. Auch der Ablauf, in dem die beiden Bauvorhaben vorgenommen wurden, ähnelte sich. Dem Baukörper der ursprünglichen, im 10. Jahrhundert gegründeten Kirche Santa Maria delle Vigne, der dem heutigen Querschiff entspricht, wird die endgültige Anlage des großen Bauwerks übergestülpt, das das Zisterzienser-Modell von Santa Trinità wiederaufnimmt. Den dreischiffigen Innenraum gliedern Spitzbögen und Gewölbe in sieben, sich verkürzenden Jochen. Das letzte Joch ist Teil des Querschiffes. Hier kreuzen sich die Gewölbe- und Arkadensysteme von Langhaus und Querschiff. Durch die Betonung der Bauglieder geben die Rippen aus »Pietra grigia« dem architektonischen Gesamtbild eine besondere vertikale Dynamik von eindeutig gotischer Prägung. Ein charakteristisches Merkmal ergibt sich aus dem traditionellen Spiel von Bögen und Gewölbe, die hier in einer originellen Kombination aus Solidität und Leichtigkeit von robusten Pfeilern und schwerelosen Halbsäulen getragen werden. Die Fassade (vgl. Nr. 85) konnte während des 14. Jahrhunderts nicht fertiggestellt werden, doch man baute in dieser Zeit die drei Kreuzgänge an der linken Seite der Kirche. Berühmt ist besonders der Grüne Kreuzgang (nach der vorherrschenden Farbe der Fresken). Die um 1350 beendeten Rundbogen-Arkaden des vierseitigen Portikus scheinen eine späte Wiederaufnahme romanischer Motive anzuzeigen. An den Kreuzgang angeschlossen ist der Kapitelsaal mit der gotischen Spanischen Kapelle und ihrem Freskenzyklus, in dem die Nachfolge Christi durch wichtige Vertreter des Dominikanerordens dargestellt wird.

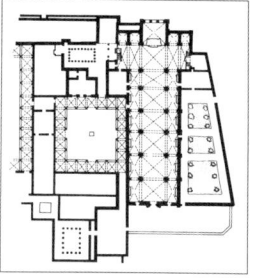

LITERATUR: Orlandi 1956; Busignani-Bencini 1979, S. 23ff.; Baldini 1981

40
Chiesa di Santa Trinità
Um 1250-1380
Stadtviertel Santa Maria Novella, Piazza Santa Trinità

Der Gebäudekomplex, der heute noch Hauptsitz der Vallombrosaner ist, wurde im 11. Jahrhundert in wesentlich bescheideneren Ausmaßen gegründet. Nach 1250 entstanden die ersten Planungen zur Umgestaltung und Erweiterung. Von der Fassade abgesehen (vgl. Nr. 135), wurde das Bauprogramm wahrscheinlich unter der Leitung von Neri di Fioravante im letzten Viertel des 14. Jahrhunderts abgeschlossen. In der letzten Phase dieses langen Umbauprozesses wurde das heutige Aussehen, insbesondere des Innenraums der Kirche geprägt. Die gotische Struktur wird in den vier durch Pfeiler getrennten Jochen deutlich, wobei das letzte Joch vom Querschiff besetzt ist. Dieser Bauteil ist entsprechend einem Modell gestaltet, das auch in der nahezu zeitgleich entstehenden Kirche Santa Maria Novella auftaucht. Auch in der Vallombrosaner-Kirche tragen trotz der reduzierten Entfaltung der Schiffe schlanke Spitzbögen die Kreuzrippengewölbe, die in der durch ein zweibogiges Fenster beleuchteten quadratischen Apsis ihren Abschluß finden.

LITERATUR: Busignani-Bencini 1979, S. 121ff.; Marchini-Micheletti 1987

41
Chiesa di San Carlo dei Lombardi (oder San Carlo Borromeo)
1349-1404
Neri di Fioravante und Benci di Cione
Stadtviertel Santa Croce, Via de'Calzaioli

Die ursprünglich San Michele geweihte Kirche wurde im 17. Jahrhundert Carlo Borromeo gewidmet. Die Anlage hat ihre ursprüngliche Einfachheit beibehalten, trotz späterer Umbauten: Die Fassade aus »Pietra forte« hat einen Dreiecksgiebel mit kleiner Arkade als Bekrönung, der einschiffige Innenraum schließt mit einem durch Pfeiler dreigeteilten Chor.

LITERATUR: Busignani-Bencini 1982, S. 155ff.

42

Porta San Niccolò
1324
Oltrarno, Piazza Poggi

Das einzige in der ursprünglichen Höhe erhaltene Stadttor hat im Inneren noch die Durchgänge bewahrt, die in die Wehrgänge der Stadtmauern mündeten. Mehr als ein wirkliches Stadttor, war es Teil des Verteidigungssystems zur Sicherung des Arno-Übergangs: Zu diesem Zweck war es mit dem Zwillingsturm »della Zecca« auf der anderen Seite des Flusses verbunden.
LITERATUR: Bargellini-Guarnieri 1973, S. 204; Manetti-Pozzana 1979, S. 88ff.

43

Porta Romana
1326
Oltrarno, Viale Petrarca

Das einzige Stadttor, das in moderner Zeit nicht aus seinem urspünglichen Zusammenhang isoliert wurde, steht im Zentrum eines langen Mauerabschnitts, der noch heute in Oltrarno existiert. Trotz der Umbauten (der Wachturm wurde später gekürzt, die seitlichen Öffnungen im 19. Jahrhundert hinzugefügt) hat es zum Teil die Merkmale des 14. Jahrhunderts bewahrt.
LITERATUR: Bargellini-Guarnieri 1973, S. 191

44

Porta San Frediano
1332
Oltrarno, Viale Ariosto

Dieses Stadttor, das auch Porta Pisana oder Porta Carraia genannt wird, ist das größte seiner Art. Es wird Andrea Pisano zugeschrieben, der es mutmaßlich 1332-34 gebaut hat, und trägt in der Mitte eine große, mehr als dreizehn Meter hohe, heute zum Teil geschlossene Bogenöffnung. Es sind noch die Original-Türflügel erhalten, die mit einer dichten Benagelung versehen sind.
LITERATUR: Bargellini-Guarnieri 1973, S. 188; Manetti-Pozzana 1979, S. 74ff.

45

Chiesa di San Francesco in Fiesole
Ab 1330
Fiesole, Salita San Francesco (in der Nähe
der Giardini Pubblici)
Etwas abseits auf der Hügelkuppe, an dem ehemaligen Standort der Burgfeste von Fiesole, erhebt sich die von der Frauengemeinschaft der
»Romite« gegründete und dann ab 1405 in ein
Franziskaner-Kloster eingebaute Kirche. Die Restaurierung zu Beginn des 20. Jahrhunderts hat
insbesondere im Innenraum den gotischen Charakter der Kirche auf Kosten der Merkmale des
15. Jahrhunderts (noch in den Kreuzgängen
erkennbar) neu zur Geltung gebracht.
LITERATUR: Rusconi 1931, S. 44ff.

46

Certosa del Galluzzo (oder di Firenze)
Ab 1342
Jacopo Passavanti und andere
Ortschaft Galluzzo, Via Senese
Auf der Kuppe des Colle di Montaguto an der
Stelle des alten Kastells erhebt sich dieses Kar-
täuser-Kloster, das mit Unterstützung der Fa-
milien Acciaiuoli und der Visconti gebaut wur-

de. In einem sehr langen Zeitraum wurde der Bau
immer wieder ergänzt und nicht vor dem 16.
Jahrhundert abgeschlossen. Hinzu kam so noch
im 16. Jahrhundert die Kirche San Lorenzo, die
von Giovanni Fancelli nach klassischem Vorbild
ausgeführt wurde. Die eigentliche Kartause war
bis zur Auflösung durch Napoleon ein aktives Bil-
dungszentrum, ausgestattet mit einer Bibliothek,
einer Gemäldegalerie und einem Pensionat für
junge Schüler. Für die-
sen Zweck wurde der
gotische Palazzo degli
Studi aus drei in einer
Reihe angeordneten,
großen überwölbten
Sälen konstruiert. Die
stark gegliederten Ein-
zelgebäude sind um ei-
nen zentralen Raum
herum organisiert, der
gegen Ende des 15.
Jahrhunderts durch ei-
nen vierseitigen Porti-
kus vereinheitlicht
wird. Von der Certosa
und ihrem nach innen
gerichteten Aufbau hat
sich Le Corbusier bei
seinem Entwurf für das
Kloster von La Tourette
inspirieren lassen.
LITERATUR: Bacchi
1956; Chiarelli-Leoncini
1982

47

Ponte Vecchio
1345
Neri di Fioravante (?)
Zwischen Lungarno Acciaioli und Via
Guicciardini

Der Ponte Vecchio entspricht dem ältesten
Brückenbau der Stadt, der bereits in römischer
Zeit entstand und immer wieder verändert wurde. Die Brücke ist in ihrer heutigen Form nach
dem Zweiten Weltkrieg rekonstruiert worden,
wobei man sich an der Form orientierte, in
der das Bauwerk nach der katastrophalen Überschwemmung von 1333 ausgeführt worden
war. Durch den Bau der doppelten Ladenzeile
entwickelte sich damals ein von der mittelalterlichen Ansicht abweichendes Bild. Der Verteidi-
gungsbau mit Turmcharakter wurde abgelöst
durch eine Brücken-Straße, die als ein städtisches
Bauwerk entworfen wurde, das sich dem Ablauf
des Alltagslebens einzufügen hatte. 1565 wurde
der von Vasari geplante, hochgelegene Gang
(Korridor Vasaris, vgl. Nr. 119) zwischen dem
Palazzo della Signoria und dem Palazzo Pitti
über die eine der beiden Ladenzeilen des Ponte Vecchio geführt. Damit wurde das Bild der
Brücke vervollständigt, das heute mit dem Dom
und dem Palazzo Vecchio zu einem Stereotyp der
florentinischen Stadtlandschaft geworden ist. In
der zweiten Hälfte des 16. Jahrhunderts belegen
Goldschmiede die Läden, die bis dahin in der
Hand der Metzger waren. Im 17. Jahrhundert
werden von Holzstützen getragene Hinterzimmer
angebaut. So werden die charakteristischen Be-
standteile der Brücke zusammengefügt.
LITERATUR: Romby 1989

48

Palazzo dei Giudici (oder Castellani)
Erste Hälfte des 14. Jahrhunderts
Stadtviertel Santa Croce, Piazza dei
Giudici, Ecke Lungarno Diaz

Er war urspünglich mit dem später zerstörten Kastell Altafronte verbunden. Die Fassade aus dem
14. Jahrhundert besteht aus einer Sockelzone mit
Bogen in Bossenwerk und einer darüber liegenden dreifachen Folge von Rundbogenfenstern. Von 1574 bis 1841 beherbergte der Palast die Richter des Ruota-Gerichts (daher der
Name), um dann Sitz des Museums der Geschichte der Naturwissenschaften zu werden.
LITERATUR: Palazzi fiorentini 1972, S. 137; Gurrieri-
Zangheri 1978

49
Palazzo dell'Arte dei Beccai
Erste Hälfte des 14. Jahrhunderts
Stadtviertel Santa Croce, Via Or San Michele 4

Der Putz versteckt hier den Stein, aber nicht die schöne Fassadengliederung mit dem Wechsel von quadratischen Rundbogenfenstern. Die Zunft der Metzger ließ sich hier nach 1318 nieder und baute ein Turm-Haus der Familie Macci um. Später wird das Gebäude Standort der Capitani des nahen Or San Michele. Ab dem 16. Jahrhundert beherbergte der Palast die Arte dei Fabbriceri (Zunft der Kirchenbauer).
LITERATUR: Palazzi fiorentini 1972, S. 50; Fanelli, S. 26ff.

50
Palazzo Davanzati
Um 1350
Stadtviertel Santa Maria Novella, Piazza dei Davanzati

Von einigen Wissenschaftlern wird der Palast Arnolfo di Cambio zugeschrieben. Auf jeden Fall ist das Gebäude Ausdruck eines »reifen 14. Jahrhunderts«, auch wenn es die Erweiterung eines typischen Kaufmannshauses aus dem 13. Jahrhundert ist: Darauf deutet die Anlage des Gebäudes hin, das rund um einen Innenhof gebaut wurde, in dem eine Außentreppe angebracht ist, die den Zugang zu den verschiedenen Geschossen ermöglicht. Die hohe Fassade verlief ursprünglich nur über drei Geschosse auf einem breiten Rustika-Sockel (die Bekrönung mit der Loggia ist ein Zusatz aus dem 16. Jahrhundert). Mit ihrer Sequenz von Fenstern und Segmentbögen wurde die Fassade später zu einem »traditionellen Modell«, auf das man sich bei der Entwicklung neuer Bauformen und insbesondere beim Bau der Paläste des 15. Jahrhunderts bezog.
Durch die nicht unbeträchtlichen Restaurierungseingriffe um 1905 und 1906 wurde der Charakter des Palastes als typisches florentinisches Wohnhaus des 14. Jahrhunderts hervorgehoben, während man nur noch wenige Spuren der im Laufe der Zeit unternommenen Umbauten findet.
LITERATUR: Berti 1971; Ginori Lisci 1972, S. 163; Bucci-Bencini 1973/b, S. 7ff.

51

**Or San Michele
(oder Chiesa di San Michele in Orto)**
1337-1404
Simone Talenti und andere
Stadtviertel Santa Croce, Via de'Calzaiuoli
Das aus einer Halle für den Getreidemarkt entstandene Gebäude wurde nach 1367 aufgestockt. Über der offenen Loggia im unteren Teil, die als Andachtsraum genutzt wurde, richtete man auf zwei Stockwerken Getreidespeicher ein (in den beiden sehr hohen Geschossen wurde 1569 das Notariatsarchiv eingerichtet). Der Schöpfer dieses Umbaus ist Simone Talenti, der im frühen 15. Jahrhundert die Arkaden der Loggia schloß und reiche Maßwerkfenster im spätgotischen Stil einsetzte. Auf den tra-

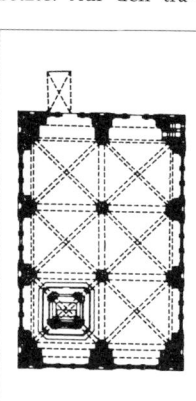

genden Pfeilern sind die Tabernakel mit Statuen der Schutzheiligen der Zünfte zu sehen. Der Umbau in ein Oratorium wurde finanziell und ideell von den Zünften getragen, die ihren Sitz in unmittelbarer Nähe einrichteten.
Im Erdgeschoß befindet sich die rechteckige, durch quadratische Pfeiler in zwei Schiffe gegliederte Kirche. In die beiden großen Säle im Obergeschoß gelangt man heute über den Palazzo dell'Arte della Lana. Dort wurde nach den Restaurierungsarbeiten vom Beginn des 20. Jahrhunderts der Sitz der Società Dante Alighieri eingerichtet (vgl. Nr. 202).
LITERATUR: Morozzi 1967; Bargellini 1969; Busignani-Bencini 1982, S. 127ff.

52

Palazzo Acciaioli
Zweite Hälfte des 14. Jahrhunderts
Stadtviertel Santa Maria Novella, Borgo Santi Apostoli 8
Der Palast wurde auch »della Certosa« genannt, weil er der Familie gehörte, die zum großen Teil den Bau der Certosa del Galluzzo finanzierte. Nach der starken Restaurierung vom Ende des 19. Jahrhunderts, bei der die Steinverkleidung wiederhergestellt wurde, zeigt der Palast die einfache Gliederung einer mittlerweile stark von den öffentlichen Normen und Bauvorschriften bestimmten Architektur.
LITERATUR: Palazzi fiorentini 1972, S. 97ff.

53

Palazzo Canigiani
Zweite Hälfte des 14. Jahrhunderts
Oltrarno, Via de'Bardi 28-30
In der Fassade aus »Pietra viva« stechen einige
charakteristische Elemente der Architektur des 14.
Jahrhunderts hervor: die Gleichförmigkeit der
Öffnungen, die Linearität der Wandgliederung.
Struktur und Ausdrucksstärke der Hofanlage
lassen dagegen bereits typische Merkmale des 15.
Jahrhunderts erkennen.
LITERATUR: Bucci-Bencini 1973/c, S. 55ff.

54

Palazzo dei Capitani di Parte Guelfa
14. - 15. Jahrhundert
Stadtviertel Santa Maria Novella, Piazza
San Biagio
Die komplizierte Folge von verschiedenen, sich
gegenseitig überlagernden Eingriffen im Laufe
des 14. Jahrhunderts erweiterte den Kernbau aus
dem 13. Jahrhundert und veränderte die Außen-
fassaden. Gegen 1420 baute Brunelleschi einen neuen Flügel mit dem großen Versamm-
lungsraum an. Von Vasari wurde 1589 an der
Seite der Via di Capaccio eine Loggia angefügt.
LITERATUR: Palazzi fiorentini 1972, S. 73 und
75ff.; Zervas 1984

55

Loggia della Signoria (oder dei Lanzi)
1374-81
Benci di Cione und Simone Talenti
Stadtviertel Santa Croce, Piazza della Signoria
Die ganz verschiedenen Namen, die der Loggia
gegeben wurden, unter anderem Loggia dell'Or-
cagna, bezeugen, welche unterschiedlichen
Funktionen das Gebäude im Laufe der Zeit
übernommen hatte: Ort der Reden und der
Bekanntmachungen, Sitz der Wachmannschaft
und schließlich Ausstellungszentrum im Freien
für die Sammelleidenschaft der Medici. Die
großen Rundbogen-Arkaden verweisen bereits
auf den Baustil des 15. Jahrhunderts.
LITERATUR: Capecchi 1975

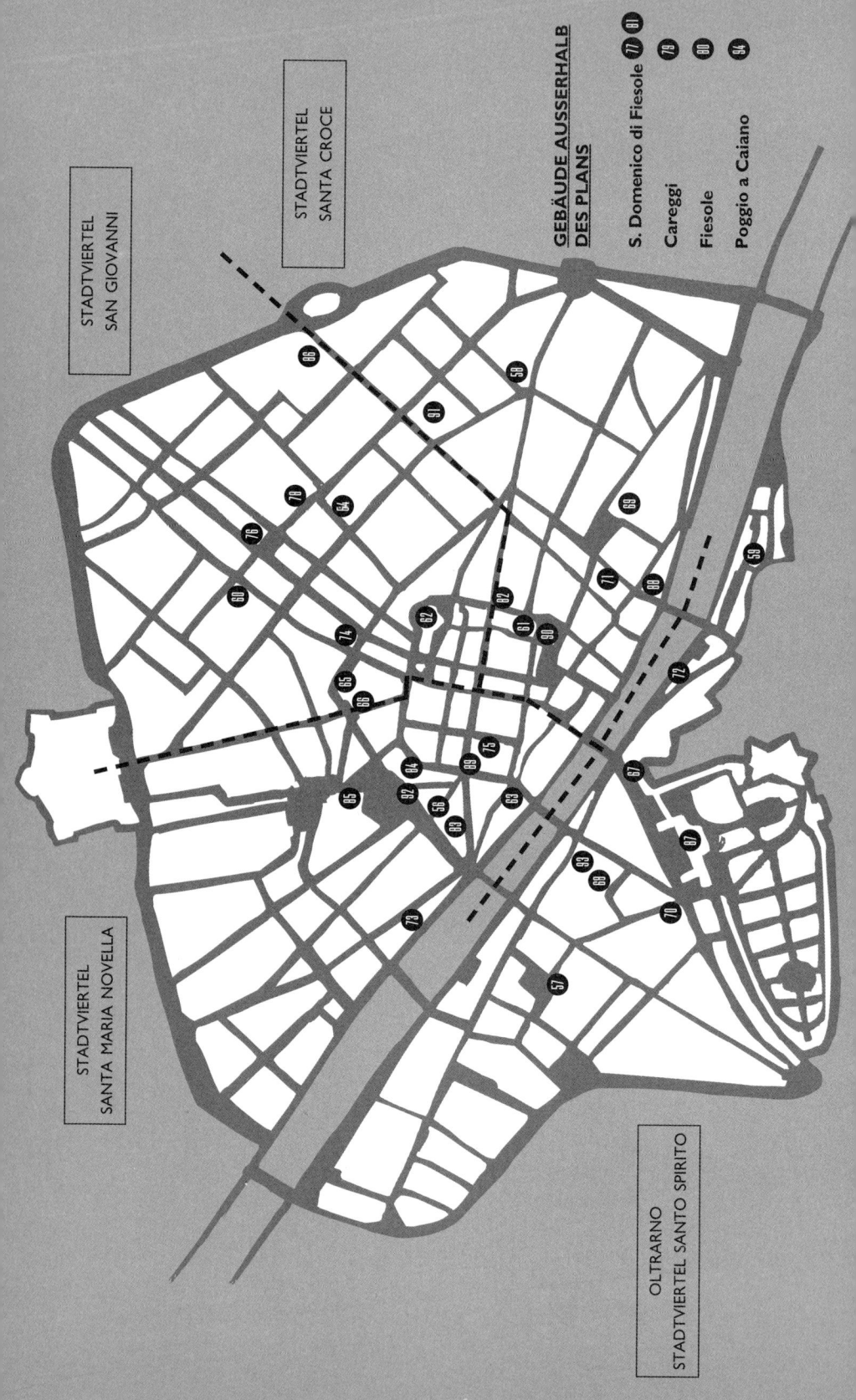

STADTVIERTEL
SAN GIOVANNI

STADTVIERTEL
SANTA CROCE

STADTVIERTEL
SANTA MARIA NOVELLA

OLTRARNO
STADTVIERTEL SANTO SPIRITO

GEBÄUDE AUSSERHALB
DES PLANS

S. Domenico di Fiesole 77 81
Careggi 79
Fiesole 80
Poggio a Caiano 94

Florenz zur Zeit Brunelleschis

Die Persönlichkeit Brunelleschis beherrscht den florentinischen Schauplatz weit über das Datum seines Todes (1444) hinaus. Er führte eine Reihe von architektonischen Elementen ein, die in einzigartiger Weise neue Formen mit antiken Vorbildern verbanden. Dies ist ein Widerspruch, der typisch für die Architektur des frühen Humanismus ist, einem Abschnitt der Architekturgeschichte, in dem sich Florenz dank Brunelleschi eine Position von unangefochtener Vorherrschaft erwarb. Während Leon Battista Alberti in der zweiten Hälfte des 15. Jahrhunderts für das Bedürfnis nach einer praktisch-theoretischen Ordnung steht, verbindet man mit der Person Brunelleschi, seit dieser das berühmte Problem der Domkuppel löste, den entscheidenden Wendepunkt in der Geschichte der Architektur. Im Jahr 1418 mußten sich die Ideen zur Erneuerung der Baukunst mit der lokalen Tradition, besonders mit der »ars muria« auseinandersetzen, die gerade beim Dombau ein hohes Niveau der Rationalität erreicht hatte. Cosimo de'Medici beabsichtigte, die nördlichen Teile der Stadt durch eine Reihe von bedeutenden Einzelbauten aufzuwerten, so etwa Santissima Annunziata und San Marco. Dies alles waren Bauten, die er mit großer Freigiebigkeit finanzierte und der Leitung Michelozzos, seinem Vertrauensarchitekten, übergab. Die Hauptachse dieser Bauten ist die Via Larga, an der sich die Baustelle für den Familienpalast befand. Michelozzo übernahm auch den Bau des Medici-Palastes und definierte hier den Bautypus des Stadtpalastes. Die Paläste Pitti, Strozzi und Rucellai sind bedeutende Varianten dieses Typs.
Der Tod Lorenzos des Prächtigen und die Einrichtung der Republik (1494) beendeten auch in der Architektur die große Zeit des florentinischen Humanismus.

56

Ehemalige Chiesa di San Pancrazio (Cappella Rucellai und Museum Marini)
1375-1470
Stadtviertel Santa Maria Novella, Via Federighi

Die Familie Rucellai beauftragte um 1465 Alberti, die gotische Anlage zu ergänzen. Die Familienkapelle der Rucellai gestaltete Alberti in genauer Entsprechung zu den Maßen des Heiligen Grabes Christi in Jerusalem. Nach einem wechselhaften Schicksal beherbergt der vollständig mit einem Zwischenboden versehene Innenraum seit den sechziger Jahren das Museum Marino Marini.
LITERATUR: Busignani-Bencini 1979, S. 151

57

Chiesa di Santa Maria del Carmine
1268-1475
Oltrarno, Piazza del Carmine

Der Bau der Karmeliter-Kirche wurde im 13. Jahrhundert begonnen und 1475 noch in der Formensprache des 14. Jahrhunderts fertiggestellt. Nach dem Brand von 1771 entschloß man sich zum Umbau im späten 18. Jahrhundert (vgl. Nr. 160). Vom ersten Bau blieben nach dem Brand nur die nicht vollendete Fassade und im Innern die Kapelle erhalten, die Masolino, Masaccio und Lippi für Felice Brancacci ausmalten.
LITERATUR: Busignani-Bencini 1974, S. 89ff.

58

Chiesa di Sant'Ambrogio
14.-15. Jahrhundert
Stadtviertel Santa Croce, Via Pietrapiana

Die Kirche ist eine frühchristliche Gründung, sie wurde in mehreren Phasen umgestaltet und 1486 fertiggestellt. Während die (im 19. Jahrhundert erneuerte) Fassade gotisch ist, lassen die reinen, einfachen Formen des Innenraums Anklänge an das 15. Jahrhundert erkennen. Dieser Eindruck wird von den vier Renaissance-Altären verstärkt. Original ist der Abschluß des Langhauses, das mit einem von zwei Seitenkapellen eingefaßten Rundbogen endet.
LITERATUR: Busignani-Bencini 1982, S. 225ff.

59

Chiesa di San Niccolò sopr'Arno

Erste Hälfte des 15. Jahrhunderts
Oltrarno, Via San Miniato

Die Kirche wurde im 12. Jahrhundert am Rande eines Sumpfgebietes gegründet. Die nackte Fassade mit Dreiecksgiebel und Rosette ist vielleicht der einzige Hinweis auf ihren romanischen Ursprung. Die Erneuerung im 15. Jahrhundert wird im einschiffigen Innenraum deutlicher, den ein offener Dachstuhl abdeckt und der mit einem originellen dreigeteilten Chorraum abschließt.

LITERATUR: Moretti 1982; Busignani-Bencini 1974, S. 199ff.

60

Kloster und Cenacolo (Abendmahl) di Santa Apollonia

Um 1360-1450
Stadtviertel Santa Maria Novella, Via San Gallo 25 und Via XXV Aprile 1

Gegründet im 11. Jahrhundert, hat das Kloster der Kamaldulenserinnen uns Zeugnisse aus der Umbau- und Erweiterungsphase im 14. und 15. Jahrhundert hinterlassen. Darunter der Kreuzgang Brunelleschi'scher Prägung und das Refektorium (als Cenacolo bekannt), das Andrea del Castagno 1450 ausmalte. Der dargestellte Raum erscheint wie ein nach strengen perspektivischen Regeln konstruierter Kasten, der sich der Architektur angleicht.

LITERATUR: Bacarelli 1985

61

Chiostro degli Aranci in der Badia fiorentina

1435-40
Bernardo Rossellino
Stadtviertel Santa Croce, Via Dante Alighieri

Der vierseitige Arkadengang in ionischer Ordnung mit Flachbogen verläuft um einen Brunnen in der Mitte des Hofes. Trotz einiger Unsicherheiten gehört die Formensprache bereits der reifen Renaissance an, und das Grundmaß der Joche entspricht nicht zufällig dem »Kubus« Brunelleschis.

LITERATUR: Busignani-Bencini 1982, S. 180ff.

62

Domkuppel (Santa Maria del Fiore)
1418-34
Filippo Brunelleschi (mit Lorenzo Ghiberti)
Stadtviertel San Giovanni, Piazza del
Duomo

Das Bauwerk ist Symbol für eine konzeptuelle und künstlerische Wende, die mit der Person Brunelleschis verbunden wird. Dessen Pläne entstanden vor dem Beginn der eigentlichen Bauarbeiten als Entwürfe, die aufgrund genauer mathematischer Berechnungen ausgearbeitet waren. Berühmt ist die Geschichte der Auftragsvergabe: Nach einem von der Arte della Lana 1418 ausgeschriebenen Wettbewerb und nachdem die Versuche, den riesigen Raum (42 Meter Innendurchmesser) mit den traditionellen Methoden zu überwölben, fehlgeschlagen waren (vgl. Nr. 36), wird Brunelleschi die Aufgabe übergeben. Zu dem ungewohnt großen Durchmesser des Baus kam erschwerend die große Höhe (82 Meter vom Fußboden zur Laibung) hinzu, die die Aufrichtung eines hölzernen Lehrgerüstes unmöglich machte. Von diesen Bedingungen ausgehend, entwickelte Brunelleschi eine Bauweise, die in jeder Phase selbsttragend sein mußte. Der florentinische Meister entwarf eine zweischalige Kuppel auf einem achteckigen Grundriß, die von einem Tambour getragen wurde. In Zusammenarbeit mit Ghiberti wurden die beiden Schalen im unteren Teil aus Stein, im oberen aus Ziegelstein im Fischgrätverband, nach einem aus der Antike übernommenen Modell gebaut. Große Rippen verbinden sie miteinander, und die nach außen sichtbare, weiße Marmorverkleidung dieser Rippen vermittelt einen Eindruck des ungeheuren Gesamtvolumens der Kuppel. Unterteilt in acht enorme Kuppelwangen, behauptet sich Brunelleschis »machina« nicht nur im Vergleich mit den Abmessungen der übrigen Stadtlandschaft, sondern dominiert diese uneingeschränkt. Die Kuppel wurde 1434 fertiggestellt und durch eine Laterne vervollständigt, die der toskanische Meister in Anlehnung an Vitruvs »Turm der Winde« entworfen hatte.

LITERATUR: Krautheimer 1970, S. 254ff.; Battisti 1976, S. 114ff.; Ragghianti 1977, S. 198ff.; Saalman 1980

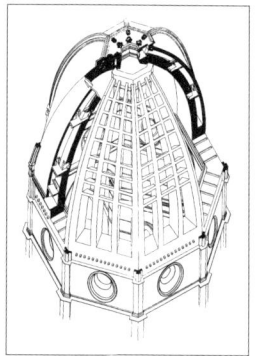

63

Sakristei von Santa Trinità

1419-23

Filippo Brunelleschi (mit Lorenzo Ghiberti)

Stadtviertel Santa Maria Novella, Via di Parione

In dieser Sakristei, vormals die Familienkapelle von Onofrio Strozzi, zeigt sich die Hand Ghibertis im Portal und außen in den großen länglichen Fenstern. Mit den kräftigen Baugliedern über weißen Mauermassen erinnert die Architektur des Innenraums an Brunelleschis Konzept des Einheitsraums.

LITERATUR: Morisani 1951, S. 13 und 35; Krautheimer 1970, S. 261ff.; Ferrara-Quinterio 1984, S. 333ff.

64

Ospedale degli Innocenti

1419-26

Filippo Brunelleschi und andere

Stadtviertel San Giovanni, Piazza della Santissima Annunziata

Das von der Arte della Seta (Zunft der Seidenhändler) finanzierte Findelhaus gehört zu den ersten großen Werken Brunelleschis. Obwohl durch den 1438 vorgenommenen Bau eines Obergeschosses verändert, kann man in dem zur Piazza hin offenen Portikus eine außergewöhnliche Darstellung architektonischer Prinzipien erkennen. Im Laufe des 15. Jahrhunderts wird dieses Modell immer wieder übernommen werden: Über die Stufen der Freitreppe sind neun Rundbogenarkaden gestellt, die von außen die rhythmische Abfolge der Kubenformen erkennen lassen, die innen den Raum des Portikus bestimmen und aus denen sich die

Überwölbung durch Hängekuppeln ergibt. Über den korinthischen Säulen der Fassade betont das Gurtgesims gemeinsam mit den bis an das Gesims heranlaufenden Bogenprofilen die klare geometrische Anlage des Ganzen. Das gleiche architektonische Motiv wurde im ersten Kreuzgang und bei den fünf Jochen der Seiten wiederaufgenommen.

LITERATUR: Battisti 1976, S. 46ff.; Borsi-Morolli-Quinterio 1979, S. 17ff.

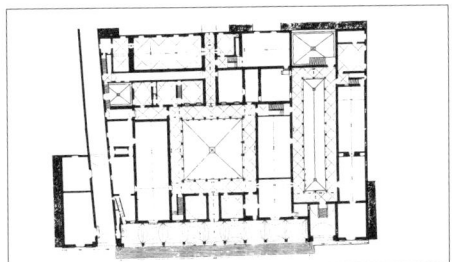

65

Chiesa di San Lorenzo
1419-60
Filippo Brunelleschi und andere
Stadtviertel San Giovanni, Piazza San Lorenzo

Das im 4. Jahrhundert errichtete und in der Romanik erneuerte Gebäude zeigt sich uns heute in der Form, die Brunelleschi ihm gab. Eher als auf die verschiedenen Stufen der architektonischen Umarbeitung gründet sich der Ruhm dieses Gebäudes auf die Reihe von künstlerischen Einzelleistungen, die vom 15. bis zum 17. Jahrhundert reichten. Sie waren Folge der Großzügigkeit der Medici, für die San Lorenzo zum Familientempel und -pantheon wurde. Auch hier in San Lorenzo ist - wie bei anderen großen florentinischen Kirchen - die Nacktheit der unvollendeten Fassade ein künstlerisch gewollter Kontrast zum Reichtum des Innenraums, für den alle großen Architekten der Medici gewirkt haben (vgl. Nr. 109, Nr. 144). Brunelleschi wurde 1419 der Auftrag übergeben, die noch heute in der dreischiffigen Anlage mit Querschiff ablesbaren Grundzüge des Vorgängerbaus neuzugestalten. Er löste die Aufgabe, indem er die vorgegebenen Elemente in ein nach den Regeln der neuen Architektur gebildetes geometrisches Raster ein-

fügte. Herausragende Elemente innerhalb dieser neuen Ordnung sind die großen korinthischen Säulen aus Stein, die die Rundbogenarkaden tragen, dadurch dem Mittelraum einen regelmäßigen Rhythmus geben und das verbindliche Grundmaß für die Joche der beiden Seitenschiffe festlegen: Dieses Grundmaß wiederholt sich in den Kapellen, die sich entlang der Außenwand hinter einer Bogenfront öffnen. Wie in anderen Bauwerken Brunelleschis unterstreicht die Kuppel in der Mitte das Bemühen um Zentralisierung des Raums, die dem vom Vorgängerbau übernommenen Grundriß über dem lateinischen Kreuz entgegenzustehen scheint.

LITERATUR: Luporini 1964, S. 41ff.; Battisti 1976, S. 179ff.; Ragghianti 1977, S. 352ff.; Morolli-Ruschi 1993

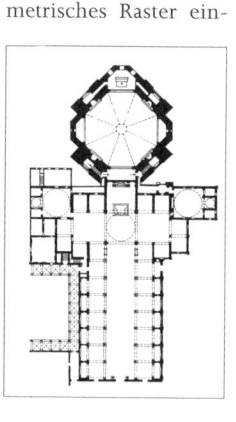

66
Cappella Barbadori in der Chiesa di Santa Felicità
1425
Filippo Brunelleschi
Oltrarno, Piazza Santa Felicità
An eines der ältesten Gotteshäuser der Stadt setzte Brunelleschi eine quadratische und von einer Kuppel überdeckte Kapelle: Form und Größe des Anbaus lassen eher an eine Sakristei denken. Da die Kapelle direkt an die Fassade anschloß, sah man sich gezwungen, die Gesamtanlage neu zu überdenken. Der schließlich notwendige Umbau wurde dann während des 16. und des 18. Jahrhunderts ausgeführt (vgl. Nr. 169).
LITERATUR: Battisti 1976, S. 98ff.

67
Alte Sakristei von San Lorenzo
1420-29
Filippo Brunelleschi
Stadtviertel San Giovanni, Piazza San Lorenzo
An eines der beiden Enden des Querschiffs von San Lorenzo setzte Brunelleschi einen Raumkubus, der von einer Halbkugel überwölbt wird. Mit diesem einfachen, klaren Aufbau auf einem Zentralgrundriß konnten einige der Regeln der Architektur »alla maniera degli Antichi« umgesetzt und veranschaulicht werden. Allgemein wird dieser Aufbau als das bedeutendste Werk der Architektur der Frührenaissance angesehen. Mit aufmerksamerem Blick auf die Gesamtanlage entdeckt man Einzellösungen von beträchtlicher Komplexität: wie zum Beispiel die Lünetten, die Pendentive und die anderen zur Verbindung des unteren Raumes und der Kuppel eingesetzten Elemente. Die Wandflächen werden durch die steinernen, vor den weißen Putz gesetzten Bauglieder hervorgehoben. Seit etwa 1440 war Donatello an der Ausführung der Dekoration beteiligt, die sich im übrigen sehr gut in die architektonische Struktur einfügt: Von ihm stammen zum Beispiel die Tondos und die Medaillons im oberen Teil, über dem Mittelgesims.
LITERATUR: Battisti 1976, S. 79ff.; Ragghianti 1977, S. 338ff.; San Marco 1989

68

Chiesa di Santo Spirito

1446-88

Filippo Brunelleschi und andere

Oltrarno, Piazza Santo Spirito

Santo Spirito gilt traditionsgemäß als der am stärksten durch den persönlichen Stil Brunelleschis geprägte religiöse Bau, der »ex novo« gebaut und nicht durch bereits bestehende Elemente beeinflußt wurde. Mit der Umsetzung des 1434 angenommenen Entwurfes von Brunelleschi begann man erst zwölf Jahre später. An der Ausführung waren Manetti, Giovanni da Gaiole und Salvi d'Andrea beteiligt. Diese veränderten das ursprüngliche Schema, insbesondere den geplanten Verlauf der Außenwände, der als

eine Abfolge nach außen sichtbarer apsidialer Rundungen geplant war. Trotz dieser Abweichungen vom ursprünglichen Plan präsentiert sich der Bau als Realisierung eines klar durchdachten Konzeptes und stellt so eine Art von steinernem Manifest der Architekturprinzipien des Humanismus dar.

Man sehe sich hierzu den Innenraum an, dessen Grund- und Aufriß auf einem einheitlichen Grundmaß von elf florentinischen Ellen basieren. Nach diesem Grundmaß sind auch die vierzig Joche entlang der Außenwände gebildet. Hier wie in der Kirche San Lorenzo gliedern die hohen korinthischen Säulen wie Monolithe den großen Raum und schaffen eine dreischiffige Struktur, die das Langhaus ebenso wie das Querschiff bestimmt. Im Unterschied zu San Lorenzo erscheint der Raum nach allen Seiten gleichmäßig: Trotz ihres Grundrisses in der Form des lateinischen Kreuzes erscheint die Kirche so wie ein Zentralbau, in dem einer der vier Arme verlängert wurde.

Wie bei anderen großen florentinischen Gebäuden des 14. und 15. Jahrhunderts, blieb die Fassade unvollendet. Unterbrochen durch das mittlere Rundfenster und umrahmt von geschwungenen Abschlüssen, läßt ihre glatte Flächigkeit die ausgeklügelte Geometrie des Innenraums vorausahnen.

LITERATUR: Battisti 1976, S. 179ff.; Ragghianti 1977; S. 352 ff.; Capretti 1991; Morolli-Acidini-Marchetti 1992, S. 111ff.

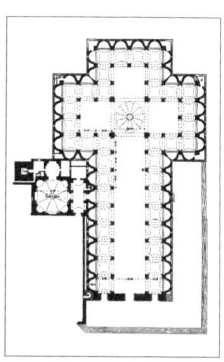

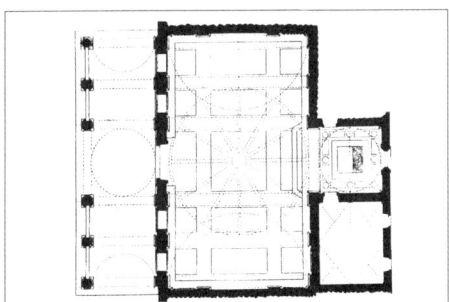

69

Pazzi-Kapelle und Großer Kreuzgang von Santa Croce

1430-73

Filippo Brunelleschi und andere

Stadtviertel Santa Croce, Piazza Santa Croce

Nach einem verheerenden Brand begann man 1423 mit dem Neubau des Klosters; 1453 wurde der Große Kreuzgang mit einer doppelten Arkadenordnung fertiggestellt. In dem nicht vom Brand beschädigten Teil zwischen den Endkapellen und dem Kreuzgang aus dem 14. Jahrhundert liegt die Kapelle, die Brunelleschi 1442 für Andrea Pazzi entwarf: Sie ist als quadratischer Raum konzipiert, in den ein der halbkugelförmigen Kuppel entsprechender Kreis eingeschrieben ist. Das Bauvolumen über dem Zentralgrundriß basiert vollkommen auf einem einheitlichen geometrischen Grundriß; die Kapelle wurde von einem oder mehreren Mitarbeitern des florentinischen Meisters vollendet (Michelozzo, Manetti oder Giuliano da Maiano). Eine andere Hand hat den eleganten Portikus entworfen, der wie ein Querriegel vor die volle Breite der Fassade gesetzt ist. Die mit einer kleinen Kuppel betonte Mitte unterbricht die Vertikale der quadratischen, auf Säulen ruhenden Attika. Der Architekt dieser Vorhalle ist möglicherweise Rossellino, der sich durch Alberti hat inspirieren lassen.

LITERATUR: Battisti 1976, S. 222ff.; Ragghianti 1977, S. 398; Cabassi-Tani 1982; Morolli-Acidini-Marchetti 1992, S. 38

70

Chiesa di San Felice in Piazza

Um 1457

Michelozzo

Oltrarno, Piazza San Felice

Die mittelalterliche Kirche wurde ab der zweiten Hälfte des 15. Jahrhunderts radikal umgestaltet. Auf diese Zeit gehen sowohl die von einem Dreiecksgiebel bekrönte Fassade als auch ein Teil des durch einen offenen Dachstuhl gedeckten und durch große Fenster gegliederten Innenraums zurück. Aus dem 16. Jahrhundert dagegen stammen die Kreuzgewölbe.

LITERATUR: Ferrara-Quinterio 1984, S. 372ff.; Meoni 1993

71

Palazzo Bardi
1410?
Filippo Brunelleschi?
Stadtviertel Santa Croce, Via de'Benci 5
Beachtlich ist insbesondere der Hof, den - so
wird wiederholt behauptet - der junge, angeblich noch unsichere Brunelleschi in Formen
gestaltete, die der »Logik des Übergangs« von
der Gotik zur Renaissance unterworfen sind. Die
Arkaden sind schlank, aber gleichzeitig in eine
Sequenz gestellt, die noch nicht den Rhythmus der Loggia des 15. Jahrhunderts besitzt.
LITERATUR: Bucci-Bencini 1971, S. 113ff.

72

Palazzo Capponi da Uzzano
1427
Lorenzo di Bicci
Oltrarno, Via de'Bardi 23
Die zur Straße hin gelegene Fassade ist in zwei
Teile gegliedert, die unterschiedliche Bauphasen
vermuten lassen: unten das starke Bossenwerk in
der Art des 14. Jahrhunderts, oben der glatte Teil
aus im »opus quadratum« geschnittenen
Blöcken. Hervorstechendes Merkmal ist auch
hier der Hof mit achteckigen Säulen im Zentrum
des Gebäudes.
LITERATUR: Ferrara-Quinterio 1984, S. 338ff.;
Bucci-Bencini 1973/c, S. 47ff.

73

Palazzo Lenzi-Quaratesi
Um 1430
Michelozzo?
Stadtviertel Santa Maria Novella, Piazza
Ognissanti 2
Obwohl nicht sicher belegt, nimmt man
aufgrund der Ähnlichkeit des Baus mit einigen
Medici-Villen an, daß Michelozzo für diesen
Prototyp der florentinischen Bürgerarchitektur als
Bauherr verantwortlich war. Besonders
charakteristisch für diesen Bautyp sind die
Reihen der Rundbogenfenster; die Lösung der
auskragenden Bauteile scheint noch Motiven
des 14. Jahrhunderts verhaftet zu sein.
LITERATUR: Bucci-Bencini 1973/b, S. 111ff.

74

Palazzo di Cosimo de'Medici
1444-69
Michelozzo
Stadtviertel San Giovanni, Via Cavour 1

Glaubt man einer lang überlieferten Anekdote, dann hat Cosimo der Alte diesen Entwurf dem Projekt Brunelleschis, der einen Bau direkt gegenüber der Kirche San Lorenzo plante, vorgezogen. Michelozzo stellte den Palast an die Ecke der Via Larga und plante in der Mitte einen großen Hof, dessen Form einem aus dem Gesamtvolumen herausgeschnittenen Kubus gleicht. Mit den beiden dreigeschossigen, durch Gurtgesimse gegliederten Rustika-Fassaden, der regelmäßigen Reihung von zweibogigen Fenstern und der Form des Dachgesimses definiert Cosimos Architekt ein Modell für Bauten des Bürgertums, das anschließend weithin befolgt werden wird. Vasari beschreibt uns das ursprüngliche Aussehen des Baus vor den späteren Umbauten (vgl. Nr. 158), die Arkaden und Biforen, den Dachgarten, der auf der Westseite bis zum ersten Stock reichte. Zwischen 1449 und 1469 baut Michelozzo die Cappella dei Magi, nach dem Namen des berühmten Freskos von Benozzo Gozzoli: Ein Raum von rechteckigem Grundriß, der noch die ursprüngliche Klarheit der Anlage bewahrt hat.

LITERATUR: Bucci-Bencini 1973/a, S. 7ff.; Cherubini-Fanelli 1990; Morolli-Acidini-Marchetti 1992, S. 52ff.

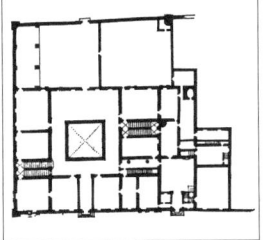

75

Palazzo dello Strozzino
1451-69
Michelozzo
Stadtviertel Santa Maria Novella, Piazza Strozzi 2

Die Zuschreibung dieses Palastes gründet sich vor allem auf einen Vergleich mit dem Medici-Palast: Auf die Übernahme der dreiteiligen Fassadengliederung und das Motiv des verstärkten Bossenwerkes, das im unteren Teil wesentlich ausgeprägter ist. Auch die Hoffassaden mit je zwei Arkadenstellungen pro Seite wiederholen diese dreiteilige Ordnung. Das Gebäude wurde von Giuliano da Sangallo fertiggestellt.

LITERATUR: Ferrara-Quinterio 1984, S. 365ff.

76

Chiesa und Convento di San Marco

1437-52

Michelozzo

Stadtviertel San Giovanni, Piazza San Marco

Für die Stadtentwicklung, die nach der Strategie Cosimos des Alten zu einer Aufwertung der nördlichen Stadtteile führen sollte, war der Bau San Marcos ein zentrales Ereignis. Michelozzo wurde beauftragt, einen aus dem 13. und 14. Jahrhundert stammenden Gebäudekomplex zu restaurieren und umzugestalten, der ehemals den Silvestrinern gehörte und dann den Dominikaner-Observanten überlassen wurde. Cosimos Architekt beließ den Hauptraum der Kirche in seiner alten Form, fügte die polygonale Apsis hinzu und erhöhte den Chor. Die neue Kirche wurde 1442 geweiht; heute erscheint der Innenraum in seinen Hauptmerkmalen vor allem als Ergebnis der barocken Eingriffe.

Michelozzo hinterließ wesentlich deutlichere Merkmale im Kloster: 1451 wurde der an die Kirche angrenzende Hof fertiggestellt, der Chiostro di Sant'Antonino, an den das Refektorium und das Hospiz angegliedert sind und der sie mit den neuen Dormitorien verbindet. Auf den weißen Wandflächen des ersten Stocks malte Fra Angelico den berühmten Freskenzyklus. Schließlich bleibt der vollständig von Michelozzo entworfene Kreuzgang San Domenico hinter der Kirche zu nennen. Zwischen den beiden durch einen eleganten Portikus mit Flachbögen vereinheitlichten Kreuzgängen erstreckt sich die Bibliothek: Ein durch eine doppelte Reihe von ionischen Säulen in drei Schiffe gegliederter Raum, der die für das Publikum geöffneten Sammlungen aufnehmen sollte. Laut Überlieferung ist das die erste Einrichtung dieser Art. Mit dem Namen des Klosters ist die Geschichte Savonarolas verknüpft, der von hier aus seine »Feldzüge der Moral« beginnen sollte.

LITERATUR: Ferrara-Quinterio 1984, S. 185ff.; San Marco 1989; Nicoletti 1991; Morolli-Acidini-Marchetti 1992, S. 28ff.

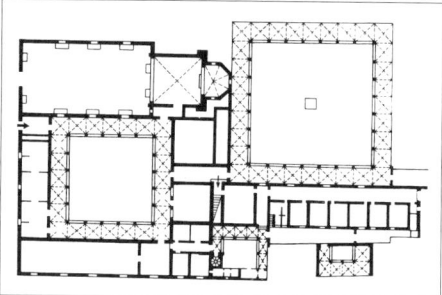

77
Chiesa und Convento di San Domenico in Fiesole
1419-38, Um 1480-90
Michelozzo und Giuliano da Maiano
Ortschaft San Domenico di Fiesole
Michelozzo war während und nach dem Bau des Klosters von San Marco für die Dominikaner an der Erneuerung der Kreuzgänge dieses Klosters beteiligt. Die Zuschreibung der Kirche basiert weiter auf einigen Ähnlichkeiten mit anderen Gebäuden von Giuliano. Man beachte insbesondere den einschiffigen Innenraum mit drei Kapellen an jeder Seite, die durch Arkaden aus dekoriertem Stein vom Hauptraum abgetrennt sind.
LITERATUR: Ferrara-Quinterio 1984, S. 340ff.

78
Chiesa und Convento della Santissima Annunziata
1444-76
Michelozzo und andere
Stadtviertel San Giovanni, Piazza della Santissima Annunziata
Die Serviten beauftragten Michelozzo, den Gebäudekomplex aus dem 14. Jahrhundert zu »modernisieren«. Er übernahm hierbei zunächst für das Atrium (oder Chiostrino dei Voti) und dann im großen Kreuzgang das Kolonnaden-Motiv vom Medici-Palast mit weiten von Flachbögen getragenen Kreuzgewölben. In dem länglichen Raum der Sakristei stoßen wir auf die großen auf Strebebögen ruhenden Gewölbe, die bereits im Kloster San Marco Verwendung

fanden. Bekannter ist die im 15. Jahrhundert heftig umstrittene Umgestaltung der Choranlage des gotischen Baus, an deren Stelle Michelozzo recht gewaltsam einen polygonalen Chor mit Zentralgrundriß setzte, bei dem er sich an Brunelleschis Bau von Santa Maria degli Angeli orientierte. Die Kritik veranlaßte den Finanzier der Arbeiten, Ludovico Gonzaga, 1455 den Architekten zu wechseln: Seit diesem Datum bis in das Jahr 1476 war zunächst Manetti, dann Alberti beschäftigt, der den polygonalen Chor in eine von neun Kapellen umgebene Rotunde verwandelte.
Der Portikus zur Piazza hin ist ein späteres Werk (vgl. Nr. 140).
LITERATUR: Morisani 1951, S. 59ff.; Roselli 1971; Ferrara-Quinterio 1984, S. 213ff.

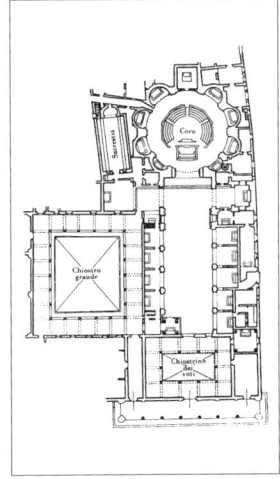

79

Villa Medici in Careggi
1457-82
Michelozzo
Careggi, Viale Pieraccini 17

Das Gebäude ist aus dem Umbau einer ur-sprünglich von Cosimo dem Alten erworbe-nen Immobilie entstanden, aber sein Ruhm ist ganz mit dem Namen Lorenzos des Prächtigen verknüpft, der es zum Sitz der platonischen Akademie bestimmte. Vor allem die Gartenan-lage wird als Ort der intellektuellen Ruhmesta-ten angesehen. Das Gebäude liegt zwischen Florenz und dem Mugello, wo der kastellartige Bautyp durch die Residen-zen von Cafaggiolo und Trebbio bereits vorgeprägt war. Careggi betont in seiner Beschreibung den in diesem Gebäude manifesten Über-gang vom Kastell zur »Ver-gnügungs-Villa«, die dann durch die Bauprojekte San-gallos zu einer vorbildlichen Form kodifiziert wird. Man

erkennt spätmittelalterliche Elemente wie das Motiv der zinnenbekränzten Galerie, das den Aufriß bestimmt. Dagegen zeigt besonders der Grundriß, die rationale Raumverteilung nach ei-nem U-förmigen Schema, innovative Merkma-le. Die von vielen Giuliano Sangallo zuge-schriebene Seiten-Loggia ist späteren Datums. Noch massiver sind die Eingriffe des 16. Jahr-hunderts, die zum Teil aufgrund der schweren Schäden vorgenommen wurden, die dem Ge-bäude nach der Vertreibung der Medici zugefügt wurden.

LITERATUR: Mignani 1980; Lorenzi 1989; Contorni 1992; Morolli-Acidini-Marchetti 1992, S. 65ff.

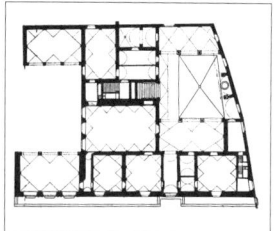

80

Villa Medici in Fiesole (oder Il Palagio)
1457-61
Michelozzo
Fiesole, Strada Vecchia fiesolana

Die rechtwinklige Struktur bestimmt nicht nur die Raumverteilung, sondern auch den Aufriß der Villa, die als ein perfekter Kubus konzipiert war, was nach den Erweiterungsbauten des 18. Jahrhunderts kaum mehr zu erkennen ist. Die das Gebäude umgebenden, terrassenförmig an-gelegten Nutz- und Ziergärten weisen die glei-che geometrische Ordnung wie der Bau auf.

LITERATUR: Bargellini-de la Ruffière du Prey 1969; Morolli-Acidini-Marchetti 1992, S. 79ff.

81

Badia fiesolana
1456-64
Mitarbeiter Michelozzos
Ortschaft San Domenico di Fiesole, Via
di Badia
Die mittelalterliche Kirche (vgl. Nr. 10) an
dem steilen Hang des Hügels wurde mit Hilfe
der finanziellen Unterstützung Cosimos des Alten umgebaut. Besonders interessant ist das
Verhältnis zwischen dem Grundriß und dem
Aufbau über verschiedene Ebenen, aus dem

sich ein komplexes System von Kellern, Dormitorien und Dachgärten ergibt. Da das Kir-
chengebäude auf einer Anhöhe steht, mußte es
im Verhältnis zum Klosterkomplex um seine eigene Achse gedreht werden. Der Klosterkomplex
seinerseits ist nach verschiedenen Symmetrie-
Achsen organisiert.

Offensichtlich ist, daß das Programm der Kir-
chenerneuerung von der Idee Brunelleschis inspiriert wurde, das mittelalterliche Gebäude in
der Form eines einschiffigen und tonnenüberwölbten klassischen »Templum« wiederaufzu-
bauen. Der ursprüngliche Plan mußte allerdings angesichts einer Reihe von
strukturellen Bodensenkungen ab-
geändert werden: Es wurden zwei Sei-
tenflügel und eine Reihe anfänglich
nicht geplanter Kapellen angefügt.
LITERATUR: Borsi-Morolli-Balducci-Landucci
1976; Ferrara-Quinterio 1984, S. 385

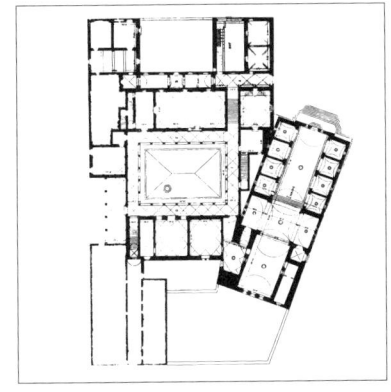

82

Palazzo Pazzi
1458-69
Giuliano da Maiano
Stadtviertel Santa Croce, Via del
Proconsolo 10
Hier finden sich raffinierte Variationen der tra-
ditionellen Wandgliederung des Palastes im 15.
Jahrhundert: An der dreigeschossigen Fassade fal-
len besonders die zweibogigen Fenster über
dem in unregelmäßigem Bossenwerk gestalteten
Sockel auf, die mit originellen Dekorationsmo-
tiven versehen sind. Die gleichen Motive finden
sich auch im Hof, der an drei Seiten einen
Säulen-Portikus aufweist.
LITERATUR: Bucci-Bencini 1971, S. 75ff.

83

Palazzo und Loggia Rucellai
1446-51 und 1460-66
Leon Battista Alberti und Bernardo Rossellino
Stadtviertel Santa Maria Novella, Via della Vigna Nuova 18

Alberti wurde von dem vermögenden Bankier Giovanni Rucellai beauftragt, dessen Familienresidenz umzugestalten und ihr eine neue Fassade zu geben. Albertis Entwurf (der von Rossellino ausgeführt wird) steht in deutlichem Kontrast zu Michelozzos Modell des florentinischen Palastes. Ein Kompromiß mit der mittelalterlichen Tradition ist nicht mehr zu erkennen, und der Bau bestätigt vollkommen den Vitruvschen Regelkanon: Die einheitliche Rustikafront wird von den drei übereinander gestellten Ordnungen der ionischen, dorischen und korinthischen Pilaster eingerahmt, womit ein Rückgriff auf römische Gliederungselemente verwirklicht ist. Jedes Wandfeld enthält große, in

Bögen mit Strahlenkranzrustika eingestellte Biforen, die den unverwechselbaren Gesamteindruck bestimmen.
Die gleiche innovative Energie führt zehn Jahre später zum Bau der Loggia mit ihren drei Arkaden; sie wurde schräg gegenüber vom Palast gebaut und war als Ort für Familienzeremonien gedacht.

LITERATUR: Borsi 1980/a, S. 62ff.; Preyer 1981; Morolli-Acidini-Marchetti 1992, S. 44ff.

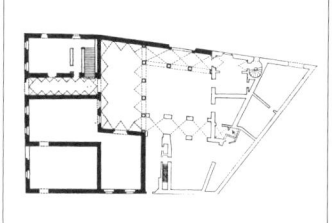

84

Palazzo Antinori
1461-66
Giuliano da Maiano
Stadtviertel Santa Maria Novella, Piazza degli Antinori 3

In kalter Eleganz ist die quadratische Frontfassade durch regelmäßige Steinblöcke aus »Pietra forte« gegliedert; das Portal ist nach den Regeln des Goldenen Schnitts in ein Verhältnis zur Basis des Quadrats gestellt. Dies bezeugt eine Architekturauffassung, die über den in der Fassade erkennbaren archaischen Stil hinaus an die humanistischen Modelle anknüpft.

LITERATUR: Trionfi-Honorati 1968; Bucci-Bencini 1973/b, S. 55ff.

85

Fassade der Chiesa di Santa Maria Novella
1439-42
Leon Battista Alberti
Stadtviertel Santa Maria Novella, Piazza
Santa Maria Novella
Der Entwurf hat seinen Ursprung in einer eher
nebensächlichen Aufgabenstellung: Das aus dem
14. Jahrhundert stammende Gebäude (vgl. Nr.
39) sollte mit einer neuen Fassade verkleidet
werden. Daraus resultiert eines der größten architektonischen Ereignisse des florentinischen
Quattrocento. Der Verfasser des Traktats *De re aedi-
ficatoria* schuf ein Modell des Sakralbaus, das
für die kommenden Jahrhunderte verbindlich
bleiben sollte. In ihrer klaren zweidimensiona-
len Konzeption bildet die Fassade in der Tat ein
außergewöhnliches Beispiel für die Anpassung
der Innovationen der Renaissance an die florentinische Tradition: Das gotische Gebäude
hatte eine geometri-
sche Wandgliederung
erhalten, die in ein
nach festen Grund-
maßen organisiertes
Raster eingefügt und
in dem gewohnten
Wechsel von mehr-
farbigem Marmor
ausgeführt wurde.
Wahrscheinlich sorg-
ten die Rucellai, die
Finanziers der Arbei-
ten, dafür, daß der
Auftrag Alberti über-
geben wurde, dem
Abkömmling einer
aus politischen Grün-
den aus Florenz ver-
triebenen Familie.
LITERATUR: Wittkower
1964, S. 44ff.; Morolli-
Acidini-Marchetti 1992,
S. 43

86

Palazzo Scala-della Gherardesca
1472 - Um 1490
Giuliano da Sangallo
Stadtviertel San Giovanni, Borgo Pinti 99
Von dem für Bartolomeo Scala, einem Huma-
nisten und Kanzler der Republik, gebauten Pa-
last sind vor allem die Gartenfassade und der mit
Terrakotta-Flachreliefs geschmückte Hof erhal-
ten. Trotz der Umbauten aus dem 18. Jahr-
hundert erkennt man noch viele Verweise auf die
Villa Poggio a Caiano, die Giuliano zur gleichen
Zeit betreut.
LITERATUR: Bucci-Bencini 1973/a, S. 47ff.

87

Palzzo di Luca Pitti
1475-70
Luca Fancelli
Oltrarno, Piazza Pitti
Der von dem vermögenden Bankier Luca Pitti
in Auftrag gegebene, im 15. Jahrhundert gebaute Teil entspricht den sieben mittleren Bo-
genstellungen, die auf drei Geschossen durch
Rundbogenfenster in einem durchgehenden
Bossenwerk markiert sind. Der traditionsgemäß
Brunelleschi (1440) zugeschriebene Entwurf
wurde erst nach seinem Tod mit deutlich ri-
valisierender Absicht in Opposition zu dem
zeitgleich entstehenden Medici-Gebäude gegenüber fertiggestellt: in topographischer Opposition (der Pitti-Palast entsteht im Süden auf
dem Boboli-Hügel) und in stilistischer Opposition (weniger traditionell als Michelozzos
Gebäude und außerdem das Werk desjenigen
Architekten, dessen Projekt von Cosimo dem Alten abgelehnt wurde). Und doch, als der Palast von den Medici erworben und zum
großherzoglichen Palast umfunktioniert wurde
(vgl. Nr. 120), behielt man sowohl seinen ursprünglichen Namen als auch die architektonischen Grundmaße bei, die man mit »philolo-
gischer« Gewissenhaftigkeit für die neue, erweiterte Fassade übernahm.
LITERATUR: Morolli-Acidini-Marchetti 1992, S.
39ff.

88

Palazzo Horne
Um 1480-90
Giuliano da Sangallo oder Cronaca
Stadtviertel Santa Croce, Via de'Benci 6
Aus Mangel an Dokumenten gründet sich die
Zuschreibung auf Stilvergleiche: Insbesondere mit
dem Palazzo Gondi, an den der strenge Fassa-
denaufbau erinnert. Originell ist der Hof mit ei-
nem langen Portikus auf nur einer Seite und mit
der Loggia im ersten Stock. Heute ist das Ge-
bäude Sitz eines Museums, in dem die Samm-
lungen des letzten Besitzers, des englischen
Kritikers Herbert Horne, ausgestellt sind.
LITERATUR: Bucci-Bencini 1971, S. 119ff.

89

Palazzo Strozzi

1489-1534

Giuliano da Sangallo, Cronaca und andere

Stadtviertel Santa Maria Novella, Piazza Strozzi

Seit Vasari wird der Entwurf Benedetto da Maiano zugeschrieben, der ihn in Konkurrenz zu dem zeitgleich gebauten Medici-Palast entwickelt haben soll (angeblich übertraf das Vermögen des Bankiers Filippo Strozzi sogar den sehr beträchtlichen Reichtum von Lorenzo). Auch hier finden wir wieder das durch zweibogige Fenster gegliederte und durch ein markantes Dachgesims abgeschlossene Bossenwerk. Die Anlage des Gesamtbaus, die rational wir-

kende Anordnung um einen Hof, scheint auf die Idee Antonio da Sangallo des Älteren zurückzugehen, der der Schöpfer eines Holzmodells ist. Entscheidend für die Ausführung in der Zeit zwischen 1490 und 1498 ist jedoch die Arbeit des Bautrupps unter der Leitung von Cronaca; die jüngste Kritik nimmt an, daß genau diese Tatsache Grund für die deutlichen Bezüge zum 14. Jahrhundert ist. Baccio d'Agnolo wird der Erweiterungsbau zur Piazza Strozzi hin aus den Jahren 1533-34 zugeschrieben.

Das heute öffentliche Gebäude beherbergt kulturelle Einrichtungen und Ausstellungsräume.

LITERATUR: Pampaloni 1982; Goldthwaite 1984, S. 127ff. und 237ff.; Morolli-Acidini-Marchetti 1992, S. 172ff.

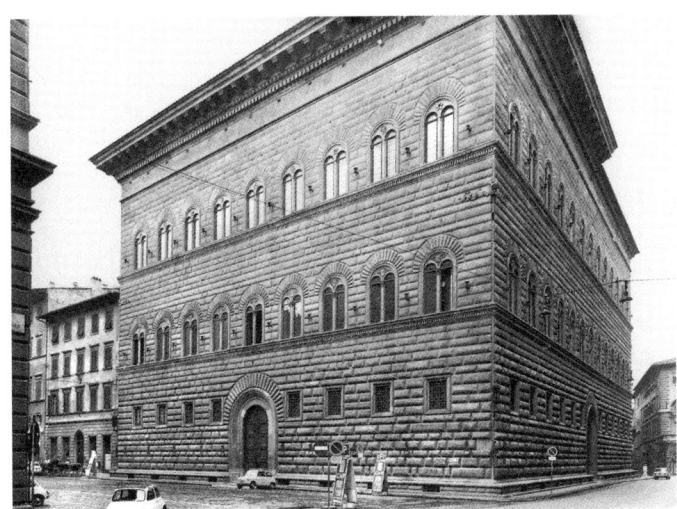

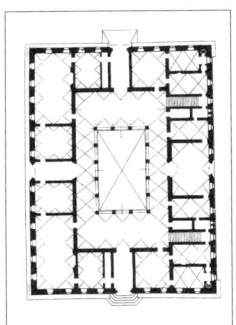

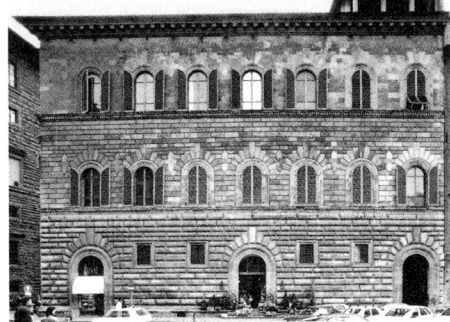

90

Palazzo Gondi

1490-1501

Giuliano da Sangallo

Stadtviertel Santa Croce, Piazza San Firenze 1

In dieser für Leonardo Gondi entworfenen Residenz sind die typischen Elemente der florentinischen Profanarchitektur des 15. Jahrhunderts zusammengefaßt, so wie sie von Michelozzo als Regeln aufgestellt wurden: die Außenverkleidung in Bossenwerk, das vorspringende Dachgesims, der um einen Hof herum angelegte Grundriß. Im 19. Jahrhundert veränderte Giuseppe Poggi den Bau.

LITERATUR: Montanari 1959; Morolli-Acidini-Marchetti 1992, S. 166ff.

91

Chiesa di Santa Maria Maddalena de'Pazzi (oder di Cestello)
1481-1500
Giuliano da Sangallo
Stadtviertel Santa Croce, Borgo Pinti

Das Zisterzienser-Kloster ist vor allem wegen seines vierseitigen Portikus berühmt, der als Vestibül der Kirche fungiert und eines der am meisten gerühmten Beispiele der Architektur des Humanismus ist. Hier verwendete Giuliano zum ersten Mal das Motiv der teilweise mit Gebälk überspannten Kolonnade, inspiriert von Albertis Bauten und doch einem antikisierenden Geschmack verhaftet. Beeindruckend ist der harmonische Rhythmus des 1492 fertiggestellten

Ensembles, in dem besonders originelle Säulen erhalten sind, deren ionische Kapitelle »fallende Deckplatten« aufweisen. Die regelmäßige Anordnung wird lediglich durch die beiden großen Bögen unterbrochen, die sich in einer Linie mit dem Eingangsportal der Kirche befinden. Im 15. Jahrhundert errichtet und zum Teil in den beiden folgenden Jahrhunderten umgebaut wurde der einschiffige und von einer Reihe von Kapellen flankierte Innenraum der Kirche. Nachdem er im Jahr 1966 schwer beschädigt wurde, begann eine Restaurierung, die den Frührenaissance-Charakter teilweise wieder herstellte.
LITERATUR: Morolli-Acidini-Marchetti 1992, S. 160ff.

92

Loggia di San Paolo
1489-96
Stadtviertel Santa Maria Novella, Piazza Santa Maria Novella

Gegenüber der großen, von Alberti entworfenen Fassade schließt die Loggia den im 13. Jahrhundert geschaffenen Platz wirkungsvoll ab. Mit den neuen Rundbogen-Arkaden, mit den Tondos und Steingesimsen folgt man hier dem von Brunelleschi im Findelhaus vorgeprägten Modell.
LITERATUR: Busignani-Bencini 1979, S. 15

93
Sakristei von Santo Spirito
1488-97
Giuliano da Sangallo und Salvi d'Andrea
Oltrarno, Piazza Santo Spirito
Die Sakristei ist ein Zentralraum mit achteckigem Grundriß, der vielleicht in Anlehnung an das Baptisterium entstand; die achtteilige Kuppel brach bald nach dem Bau zusammen und wurde von Salvi d'Andrea wieder aufgebaut. Die Sakristei ist durch ein tonnenüberwölbtes, parallel zum Hauptschiff liegendes Vestibül mit der Kirche verbunden.
LITERATUR: Morolli-Acidini-Marchetti 1992, S. 111ff.

94
Villa Medici in Poggio a Caiano
1485-94, 1515-19
Giuliano da Sangallo
Poggio a Caiano, Via Pistoiese
Die von Lorenzo, der auch persönlich in die Projektphase eingriff, in Auftrag gegebene Villa wird von vielen als Prototyp dieser Gebäudeform angesehen. Die Verteidigungselemente sind verschwunden, deutlich überwiegen Bauelemente, die sich nach den Ausführungen in Albertis Traktat richten: der Grundriß beruht so wie dort beschrieben auf einem Quadrat und auf einfachen, aber rigorosen Proportionsverhältnissen. Die Gesamtanlage gliedert sich in drei Teile, von denen zwei um den Mittelbau angeordnet sind,

der der Angelpunkt der räumlichen Anordnung ist. In ihm liegt die Symmetrieachse, nach der auch der Eingangsbereich angelegt wurde. Der Eingang ist durch eine Loggia mit ionischen Säulen und einem Tympanon mit polychromem Fries betont und in die Hauptfassade eingelassen. Diese Anlage gehört zu den originellsten Teilen des Baus.
Im Unterschied zu den traditionellen Modellen ist die Loggia hier Teil des oberen Bauteils, der auf einem Sockel mit Portikus ruht. So wird eine durchgehende Terrasse um den Piano nobile gebildet.
LITERATUR: Hamberg 1969; Foster 1969; Bardazzi-Castellani 1981; Morolli-Acidini-Marchetti 1992, S. 88ff.

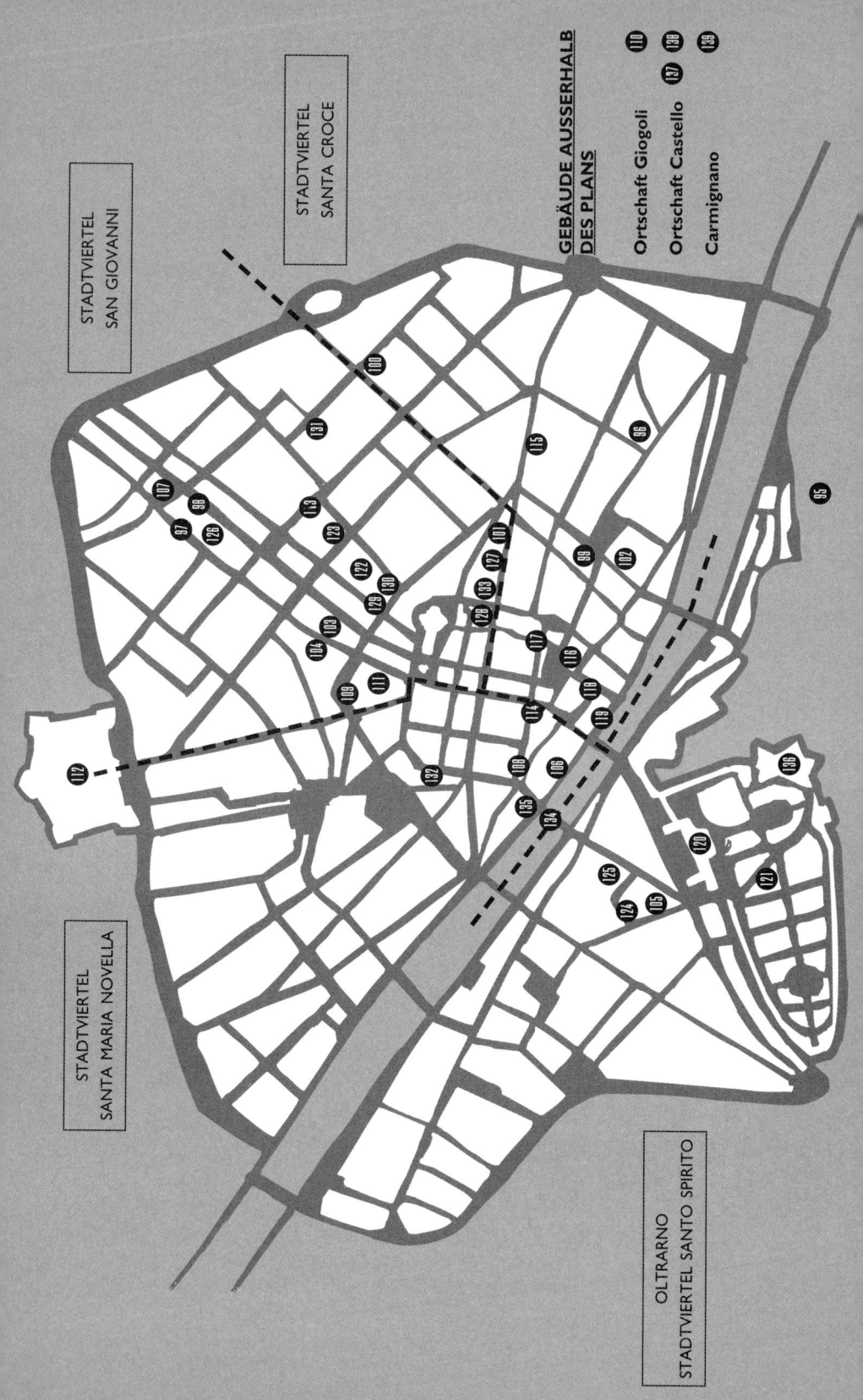

STADTVIERTEL
SAN GIOVANNI

STADTVIERTEL
SANTA CROCE

GEBÄUDE AUSSERHALB
DES PLANS

Ortschaft Giogoli

Ortschaft Castello

Carmignano

110

138

127

139

STADTVIERTEL
SANTA MARIA NOVELLA

OLTRARNO
STADTVIERTEL SANTO SPIRITO

Florenz im 16. Jahrhundert

Lorenzo de'Medici stirbt 1492, und mit ihm geht der Plan einer radikalen »renovatio Florentiae« unter. Florenz ist nicht mehr das Zentrum der humanistischen Kultur und scheint nun zwischen zwei Extremen des künstlerischen Ausdrucks zu schwanken: auf der einen Seite die Rückkehr zu einer autochthonen Tradition, die insbesondere in den weltlichen Bauten deutlich wird, und auf der anderen Seite die Wiederaufnahme der klassischen Vorbilder. An den von Raffael, Sangallo und Michelangelo ausgeführten Einzelobjekten wird erkennbar, daß man sich nun am päpstlichen Rom, an der neuen Hauptstadt der Renaissance, orientierte. Diese Identitätskrise der kulturellen Entwicklung verlief parallel zu den beunruhigenden politischen Geschehnissen und dem ermüdenden Wechsel von republikanischer Regierung und der Signoria-Herrschaft der Medici zwischen 1494 und 1530. Nachdem Cosimo I. sich selbst zum Großherzog der Toskana erklärt hatte, festigte er die absolute Herrschaftsform. Dies kam deutlich zum Ausdruck, als er 1540 entschied, die eigene Familienresidenz an den Ort der städtischen Selbstverwaltung, in den Palazzo dei Priori zu verlegen. Cosimo schuf, indem er einen persönlichen Architekten ganz an die fürstlichen Direktiven band, eine Art »Staatssprache«; so organisierte Vasari, dem fürstlichen Auftrag entsprechend, eine großräumige Stadtanlage, die den Palazzo della Signoria durch einen langen Korridor mit dem Herzogspalast, dem ehemaligen Palast der Pitti, verband. Ein ähnliches Vertrauensverhältnis entwickelte sich nach der Beziehung von Cosimo und Vasari zunächst zwischen Francesco I. und Bernardo Buontalenti, dann zwischen Ferdinando I. und Bartolomeo Ammannati, auch wenn in dieser Zeit wesentlich weniger ehrgeizige Bauprojekte ins Leben gerufen wurden.

95

**Chiesa di San Salvatore al Monte
(oder San Francesco al Monte)**
Um 1500
Cronaca
Oltrarno, Viale Galilei

Die Kirche wurde an ein Franziskaner-Kloster aus dem 15. Jahrhundert angebaut und ist von großer Einfachheit. Darin zeigt sich eine Parallele zur politischen Entwicklung während der republikanischen Regierung in Florenz. In der mit einem Tympanon bekrönten Fassade und in dem einschiffigen, durch eine doppelte Pilaster-Ordnung begrenzten Innenraum erkennt man dagegen den antikisierenden Geschmack.
LITERATUR: Busignani-Bencini 1974, S. 205ff.

96

Chiesa di San Giuseppe
Um 1520
Stadtviertel Santa Croce, Via San Giuseppe

Die Kirche ist eine einfache Anlage, die aus einem einzigen Schiff und Seitenkapellen besteht, die den zentralen Raum erweitern. Dieses Schema finden wir auch in anderen Beispielen des frühen 16. Jahrhunderts. Die Fassade von eindeutig barocker Prägung entstand erst in der zweiten Hälfte des 18. Jahrhunderts.
LITERATUR: Busignani-Bencini 1982, S. 219ff.

97

Chiesa di San Giovannino dei Cavalieri
Um 1550
Stadtviertel San Giovanni, Via San Gallo

Das Gebäude, ehemals ein der heiligen Maria Magdalena geweihtes Oratorium aus dem 14. Jahrhundert, wurde vom Malteser-Orden radikal umgebaut. Die ungewohnte Fassade mit den deutlich zu erkennenden Symbolen der Ordensritter umschließt ein Vestibül, den Zugang in das Kircheninnere. Die dreischiffige, durch Rundbögen gegliederte Anlage erinnert noch an die Strukturen des Baus aus dem 14. Jahrhundert.
LITERATUR: Wigny 1991, S. 302

98

Chiostro dello Scalzo
Beginn des 16. Jahrhunderts
Stadtviertel San Giovanni, Via Cavour 69
Der elegante, ruhige Hof mit Portikus ist alles, was von dem Kloster der Confraternità degli Scalzi übriggeblieben ist: Die Anlage wird durch schlanke Einzel- und Doppel-Säulen gegliedert und nimmt Brunelleschis Modell von Santo Spirito wieder auf. An der Rückwand befinden sich die von Andrea del Sarto gemalten heiligen Szenen, die den Ruhm dieses Ortes begründeten.
LITERATUR: Wigny 1991, S. 226ff.

99

Palazzo Cocchi-Serristori
Um 1500
Baccio d'Agnolo oder Cronaca
Stadtviertel Santa Croce, Piazza Santa Croce 1
Deutlich zu erkennen ist, wie hier mit großem Können die Vorgaben der Vorgängerbauten aus dem 14. Jahrhundert und insbesondere die Rustika-Pilaster des Erdgeschosses in einem einheitlichen Fassadenaufbau zusammengefaßt wurden. Man bediente sich dabei aus Ziegelstein zusammengesetzter Bogenformen »alla romana«, die bereits vollkommen den im 16. Jahrhundert verbreiteten Modellen entsprechen.
LITERATUR: Bucci-Bencini 1971, S. 97ff.

100

Palazzo Albizi
Um 1500
Baccio d'Agnolo oder Cronaca
Stadtviertel Santa Croce, Borgo degli Albizi 12
Das große Gebäude wurde auf einen mittelalterlichen Vorgängerbau aufgesetzt. In der dreigeschossigen Fassade erkennt man Bauformen der Renaissance neben Merkmalen der lokalen Tradition. Zu beachten wären außer dem vorspringenden Dach die Strahlenquader im unteren Geschoß und die von Rustika-Platten gerahmten Fenster im oberen Teil.
LITERATUR: Ginori Lisci 1972, S. 495ff.

101

Palazzo Panciatichi-Ximenes
Um 1500
Giuliano und Antonio da Sangallo der Ältere
Stadtviertel San Giovanni, Via Giusti 17-27
Der Palast war von den Architekten anfangs als
eigenes Wohnhaus geplant. Trotz ihrer gewaltigen Dimensionen sind die beiden Fassaden so
konzipiert, daß ein harmonischer Ausgleich des
Verhältnisses von Leere und Fülle, von Fläche
und Dekoration möglich wurde. Im Verlaufe des
17. Jahrhunderts wurde der Palast weitgehend
neugestaltet und beherbergte Napoleon während
seiner Florentiner Aufenthalte.
LITERATUR: Ginori Lisci 1972, S. 647ff.

102

Palazzo Corsini-Serristori
Um 1500
Baccio d'Agnolo
Stadtviertel Santa Croce, Borgo Santa Croce 6
Interessanter als die Straßenfassade, die keine be-
deutsamen Elemente aufweist, ist der Bau der
Hofseite, an dessen Merkmalen der Übergang
vom 15. zum 16. Jahrhundert abzulesen ist. Man
beachte, wie ungewöhnlich Portikus und Durch-
gang hintereinandergesetzt sind, und die Dekoration mit korinthischen Kapitellen und Voluten, deren originelle Formen dem besonderen
Erfindungsreichtum von Baccio d'Agnolo zu
verdanken sind.
LITERATUR: Ginori Lisci 1972, S. 603ff.

103

Palazzo Taddei
1503-04
Baccio d'Agnolo
Stadtviertel San Giovanni, Via de'Ginori
19
In ihrer einfachen Anlage wird die Fassade zu einem Modell für die Architektur des 16. Jahrhunderts. Besonders hervorzuheben ist der Hof
mit seinem Neben- und Übereinander von Bau-
stilen: neben der Loggia aus dem 15. Jahrhundert finden wir die für Baccio typischen Säulen
mit ihren »Palmettenkapitellen«. Die Nischen
und die Statuen dagegen stammen aus dem
17. Jahrhundert.
LITERATUR: Ginori Lisci 1972, S. 343ff.

104

Palazzo Ginori
Um 1510
Baccio d'Agnolo
Stadtviertel San Giovanni, Via de'Ginori
11

Der Eingriff von Baccio d'Agnolo an diesem wahrscheinlich aus dem Mittelalter stammenden Gebäude wird an den die Klassik nachahmenden Elementen deutlich, die in eine Anlage von großer Einfachheit eingefügt sind (man beachte zum Beispiel die offene Loggia in der Fassade). Im Inneren haben sich die aufwendigen Dekorationen aus dem 17. und 18. Jahrhundert erhalten.
LITERATUR: Ginori Lisci 1983

105

Palazzo Guadagni
1503-06
Cronaca
Oltrarno, Piazza Santo Spirito 10

In seiner Beschränkung auf das Wesentliche weist dieser Bau Parallelen zum politischen Klima auf, das durch die Aufrufe zur Strenge durch die sich neu konstituierende republikanische Regierung bestimmt wurde. Die großzügige Anlage der Loggia im Obergeschoß gleicht die besonders in der strikten Fensterfolge der unteren Geschosse deutliche Strenge aus. Auch die Sgraffiti der Wandflächen dienen dazu, die Anlage leichter erscheinen zu lassen.
LITERATUR: Bucci-Bencini 1973/c, S. 121ff.

106

Palazzo Rosselli-del Turco
Um 1517
Baccio d'Agnolo
Stadtviertel Santa Maria Novella, Borgo Santi Apostoli 17-19

Die lediglich durch Stockwerkgesimse und Bögen aus Steinquadern markierte Fassade weist in ihrer kahlen Einfachheit Parallelen zur Strenge des politischen Klimas zur Zeit der republikanischen Regierung in Florenz auf. Baccio versucht mit diesem Bau wieder Anschluß an die lokalen Traditionen zu finden, indem er eine moderne Version der typischen florentinischen Stadtarchitektur präsentiert.
LITERATUR: Ginori Lisci 1972, S. 115ff.

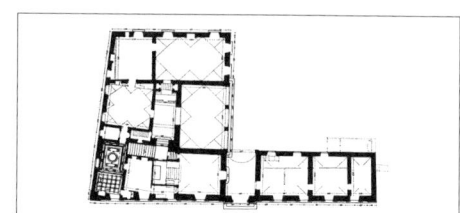

107

Palazzo Pandolfini
1515-20
Raffael und Kreis um Sangallo
Stadtviertel San Giovanni, Via San Gallo 74
Dieser Bau markiert das erneut erwachende Interesse für antikisierende Modelle, das sich, angeregt durch Papst Leo X. aus der Medici-Familie, herausbildete: Oft wurde der Palast für den Bischof Giannozzo Pandolfini als ein Stück „römischer Architektur" beschrieben, die sich in Florenz ausbreitete, als in der Stadt Unsicherheit bei der Orientierung künstlerischer Vorhaben herrschte. Die langen und asymmetrischen Fassaden des von Raffael entworfenen und wahrscheinlich von Giovanni Francesco und Aristotele da Sangallo ausgeführten Gebäudes weisen zahlreiche Neuerungen in der Formensprache auf: Fenster mit Rund- und Dreiecksgiebeln sind mitten in ein Repertoire von raffinierten klassischen Zitaten gestellt, die den durch Wandflächen, Gesimse und Balustraden gestalteten Palast gegenüber den anderen Beispielen der Bürgerarchitektur abgrenzen. Deutlich stechen an den Ecken und um das Portal herum die großen, unregelmäßig geformten Bossenquader hervor, die ganz gewollt einen Kontrast mit der geometrischen Gleichförmigkeit der Fassaden bilden.
LITERATUR: Bucci-Bencini 1973/b, S. 77; Frommel-Ray-Tafuri 1984, S. 189ff.

108

Palazzo Bartolini-Salimbeni
1517-20
Baccio d'Agnolo
Stadtviertel Santa Maria Novella, Piazza Santa Trinità 1
Baccios Meisterwerk weist viele auf ihn zurückgehende Neuerungen auf, wie die Kreuzfenster mit einer eigenen Ordnung aus Lisenen, Giebel und Tympanon. Anschaulich wird hier die Tendenz zu Formen »alla antichità«, welche die florentinische Architektur in den Jahren des Übergangs zum Fürstentum der Medici bestimmte.
LITERATUR: Ginori Lisci 1972, S. 171ff.; Bucci-Bencini 1973/b, S. 41ff.

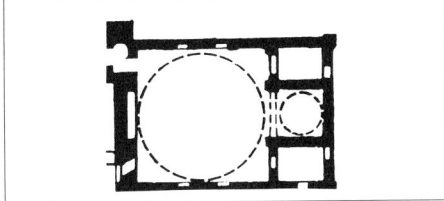

109
Neue Sakristei von San Lorenzo
1519-34
Michelangelo Buonarroti
Stadtviertel San Giovanni, Piazza San Lorenzo

Leo X. entschied, den von Giuliano da Sangallo begonnenen Bau zu vervollständigen, in den die sterbliche Hülle von Lorenzo dem Prächtigen überführt werden sollten. Michelangelo wird beauftragt, die Sakristei als Grabkapelle der Familie Medici neuzugestalten. Die Neue Sakristei befindet sich am rechten Ende des Querschiffs der Kirche in symmetrischer Entsprechung zu Brunelleschis Sakristei, und so ist ein direkter Vergleich beider Bauten möglich. Das Ausgangsschema ist ähnlich: ein von einer Halbkugel überdeckter Kubus, dem Michelangelo jedoch mehr Dynamik verleiht. Er erreicht dies durch die unter die Lünetten gesetzten Bänder, aber auch durch eine Reihe perspektivischer Kunstgriffe, wie die nach Fluchtpunkten gestalteten Fensterumrahmungen und die Kassetten von unterschiedlicher Größe in der Kuppel.

LITERATUR: Nova 1984, S. 37ff.; Argan-Contardi 1990, S. 175

110
Villa I Collazzi
1534
Ortschaft Giogoli, Strada Volterrana

Es ist nur schwer festzustellen, wer diesen häufig Michelangelo zugeschriebenen Entwurf »alla romana« veranlaßte. Sicher ist, daß die für die Familie Dini errichtete Villa mit ihrem C-förmigen Grundriß und der darüberliegenden Loggia das von Peruzzi in der Farnesina angewandte Modell übernimmt. Das lange Zeit unvollendete Gebäude wurde um 1935 fertiggestellt und erweitert.

LITERATUR: Lensi Orlandi 1955, S. 225ff.; Fagnoni Spadolini 1962; Conti 1983, S. 180ff.

111

Biblioteca Laurenziana
1519-59
Michelangelo Buonarroti
Stadtviertel San Giovanni, Piazza San
Lorenzo.

Nach Michelangelos Entwurf waren zwei unabhängig gestaltete und hintereinander gesetz-
te Räume, das Vestibül und der Lesesaal, vorgesehen. Den ersten Raum bestimmt eine starke Vertikalität, die sich besonders in den wie regelrechte Fassaden behandelten Wänden zeigt
(sie sind bestimmt durch einen Wechsel von Ta-
bernakelfenstern und eingestellten Doppelsäulen).
In der Mitte des Vestibüls wurde die enorme
Freitreppe von Ammannati nach einem plastischen Original-Modell ausgeführt. Die Treppe
führt in den rechteckigen Lesesaal, in dem Michelangelo das bewährte Bau-Schema für die »li-
braria« erneuert. Die Reihe der Lesepulte entlang
der Seitenwände wird durch Pilaster und Fen-
stereinrahmungen gegliedert.
LITERATUR: Nova 1984, S. 97ff.; Argan-Contardi
1990, S. 186ff.

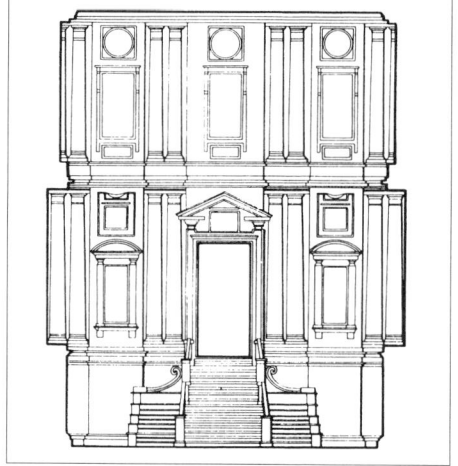

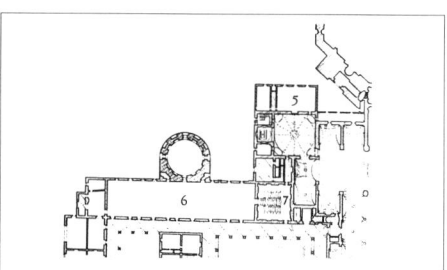

112

Fortezza da Basso
(oder di San Giovanni Battista)
1534-35
Antonio da Sangallo der Jüngere
Stadtviertel Santa Maria Novella, Viale Strozzi
Die fünfeckige Festung wurde auf Wunsch von
Alessandro de'Medici gebaut, der sich damit ein
Bollwerk gegen seine Feinde in der Stadt schaffen wollte. Die Außenmauern dieser »Festung
der Diktatur« sind zum Teil mit einem besonderen Bossenwerk aus Kugel- und Diamant-
quadern verkleidet. Darunter sind die Vorgängerbauten kaum noch zu erkennen.
LITERATUR: Salvadori-Violanti 1971; Gianneschi-
Sodini 1979

113
Portico della Confraternita dei Serviti
1516-25
Antonio da Sangallo der Ältere
Stadtviertel San Giovanni, Piazza della Santissima Annunziata

Das von Sangallos Bautrupp errichtete Gebäude ist Teil eines Projekts zur architektonischen Vereinheitlichung der Piazza, die durch den Portikus des Ospedale degli Innocenti bestimmt wird. Brunelleschis Ideen, der Rhythmus und die architektonische Gliederung seiner Bauten werden hier bewußt wieder aufgenommen.
LITERATUR: Andreatta-Quinterio 1988

114
Loggia del Mercato nuovo
1546-64
Giovanni Battista del Tasso
Stadtviertel Santa Maria Novella, Via Porta Rossa

An einem traditionsgemäß dem Marktgeschehen vorbehaltenen Platz entsteht diese Loggia auf Veranlassung von Cosimo I. Medici. Das für den Gold- und Seidenhandel vorgesehene Gebäude hat einen quadratischen Grundriß mit drei oder vier Arkadenstellungen pro Seite. Massive Säulen aus Stein tragen die großen Hängekuppeln und teilen den Raum in gleiche Einheiten.
LITERATUR: Cappellini-Cardini 1992, S. 135

115
Loggia del Pesce
1567
Giorgio Vasari
Stadtviertel Santa Croce, Via Pietrapiana, Ecke Via Buonarroti

Das Gebäude ist nach dem Abriß des Alten Marktes gegen Ende des 19. Jahrhunderts hierhin versetzt und wieder aufgebaut worden. Nach einem häufig auch an anderen florentinischen Loggia-Bauten der Spätrenaissance auftauchenden Muster basiert die architektonische Struktur auf einer doppelten Arkadenreihe, die aus Säulen in toskanischer Ordnung besteht.
LITERATUR: Conforti 1993, S. 220

116

Palazzo Ducale
(Erweiterung des Palazzo Vecchio)
1495-1590
Cronaca, Giorgio Vasari, Bernardo Buontalenti und andere
Stadtviertel Santa Croce, Piazza della Signoria

Nach den im 15. Jahrhundert an Arnolfos Gebäude vorgenommenen Veränderungen geht die erneute Anregung zum Erweiterungsbau von den Politikern der florentinischen Republik aus, die hier einen großen Versammlungssaal einrichten wollten. So entsteht auf der Ostseite der von Cronaca entworfene Saal der Fünfhundert. Gemäß dem Vorhaben, »aus dem Palast einen grandiosen Behälter der florentinischen Kunst« zu machen, wurden Leonardo da Vinci und Michelangelo mit der Dekoration beauftragt und später der große Künstlerwettstreit initiiert. Mit der Herausbildung des Fürstentums (1532) ist eine grundsätzliche Neuorientierung des Bauvorhabens verknüpft. Zunächst unter der Leitung Baccios, dann unter Giovanni Battista del Tasso und seit 1555 unter Vasari werden die »quartieri monumentali« eingerichtet, prächtig dekorierte und mit Fresken geschmückte Residenzen für die verschiedenen Mitglieder der großherzoglichen Familie. Sie liegen auf drei Geschossen entlang der zwischen Via della Ninna (wo der erste Flügel entsteht), Via de'Leoni und Via de'Gondi liegenden Gebäudeblocks. Vasaris prunkvolle Arbeiten für diesen Umbau beschränken sich ganz bewußt auf die Gestaltung der Innenräume. Das Äußere bleibt dem Ideal der Nüchternheit des Trecento-Gebäudes verpflichtet. Die gleiche Linie verfolgt Buontalenti, der nach 1588 beauftragt wird, dem architektonischen Äußeren eine endgültige und einheitliche Struktur zu geben. Der Palazzo Pitti sollte sehr bald die Rolle der großherzoglichen Residenz übernehmen; dem Palazzo Ducale, der jetzt »alt« (Palazzo Vecchio) genannt wird, blieb die Funktion des historischen Zeugnisses, bevor er zum Sitz des italienischen Parlaments und schließlich des Rathauses wurde.

LITERATUR: Barocchi 1983; Campbell 1983; Conforti 1993, S. 143ff.

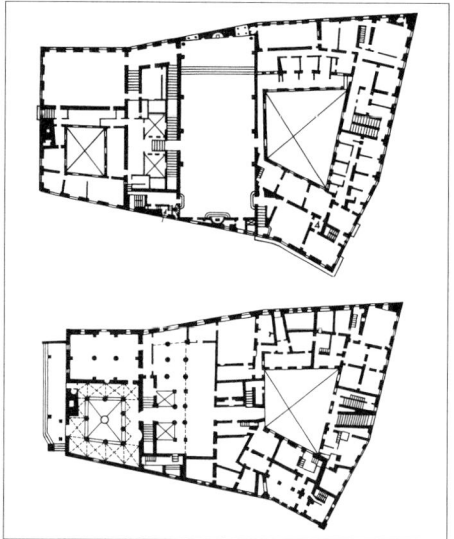

117

Palazzo Uguccioni
Um 1550
Kreis um Sangallo
Stadtviertel Santa Croce, Piazza della
Signoria 7

Die doppelten Halbsäulen, die Gebälkbänder und die Fenstergiebel bilden eine in unfehlbar klassischer Formensprache konzipierte Fassade. Es ist kein Zufall, daß dieses Gebäude das erste im Zuge der »renovatio« des großherzoglichen Platzes ist. Diese Erneuerung wurde durch den Bau des Neptunsbrunnens und vor allem durch die neuen Flügelbauten der Uffizien vervollständigt.

LITERATUR: Bucci-Bencini 1971, S. 53ff.; Ginori Lisci 1972, S. 581ff.

118

Uffizien
1559-80
Giorgio Vasari und andere
Stadtviertel Santa Croce, Piazza della
Signoria

Im Jahr 1546 wurde entschieden, eine Achse zwischen dem Arno und der erneuerten Piazza della Signoria zu schaffen, die die gesamte Organisation der Stadtanlage bestimmen sollte. Erst nach der Eroberung Sienas (1555) und der Festigung des Territorialstaates kam es zur Realisierung. Der im Zuge dieser Planung neu entstehende Bau sollte den Erfordernissen einer in Ausdehnung befindlichen Bürokratie genügen und wurde insbesondere für die »Uffizi dei Tredici Magistrati« (Büros der dreizehn Ämter) eingerichtet. Vasaris Idee bezog die gesamte Stadtplanung mit ein. Sein Neubau ist so angelegt, daß er einen weiten Raum umfaßt, der sowohl die Funktion einer Straße als auch die eines Hofes übernimmt. Es entsteht eine »promenade architecturale«, die durch den Kontrast zwischen Stein und Putz belebt, von zwei nahezu symmetrischen Wänden eingegrenzt wird und zum Fluß hin von einer Durchgangs-Loggia abgeschlossen ist, die durch eine große »Serliana« betont wird. Nach dem Tod Vasaris (1574) werden die Bauarbeiten durch Buontalenti und dann durch Alfonso Parigi geleitet. Von Cosimo I. stammt die Idee, in dem Gebäude Kunstwerke zu sammeln, die zum Kern für das künftige, von den lothringischen Herzögen eingerichtete öffentliche Museum wurden.

LITERATUR: Fara 1988, S. 151ff.; Conforti 1993, S. 160ff.

119

**Corridoio vasariano
(Korridor von den Uffizien über den
Ponte Vecchio zum Palazzo Pitti)**
1565
Giorgio Vasari

Um den Palazzo della Signoria mit dem Pitti-Palast, den Regierungssitz mit dem neuen Großherzogspalast, zu verbinden, baute Vasari in nur fünf Monaten diesen Verbindungsgang in der Höhe, der sich dem wechselnden städtischen Gefüge anpaßt. Am Arno ist er Portikus, über dem Ponte Vecchio Bekrönungsstreifen und gegenüber Santa Felicità wird er zur Loggienfassade.
LITERATUR: Conforti 1993, S. 184ff.

120

**Herzogspalast
(Erweiterung des Palazzo Pitti)**
1558-77
Bartolomeo Ammannati und andere
Oltrarno, Piazza Pitti

Am Ende der Reihe von Großherzogssitzen steht der ehemalige Palast des Luca Pitti (vgl. 87), der 1549 auf Initiative von Eleonora di Toledo, Gemahlin von Cosimo I., erworben wurde. Erst um 1556 wurde Ammannati beauftragt, das Gebäude zu erweitern und als großherzogliche Residenz umzugestalten. Dabei konzentrierte man alle Anstrengungen auf den zum Hof gelegenen Bau hinter dem Gebäude aus dem 15. Jahrhundert. Der auf einer Seite zu den Hügeln hin offene Hof war das Verbindungsstück zum Garten, der sich noch im Bau befand. Auf diesen Garten hin sollte der gesamte Bau gerichtet werden. In Anlehnung an Michelangelos Modell

für den Palazzo Farnese ist der von Cosimos Architekten konzipierte Hof das Kernstück eines Palastes »alla romana«. Seine Innenfassaden werden von drei Ordnungen aus Halbsäulen in Rustika gegliedert (eine Schöpfung, die annehmen läßt, daß Ammannati von Sanmicheli und seinen Veroneser Stadttoren beeinflußt wurde).
LITERATUR: Fossi 1957; Morandini 1965; Bucci-Bencini 1973/c, S. 11ff.

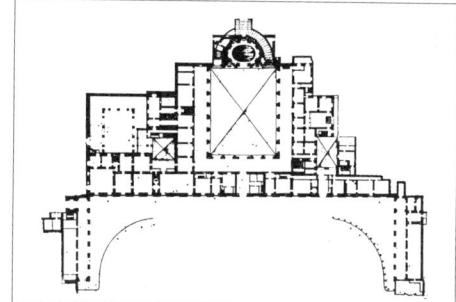

88

121
Boboli-Garten
1550-88
Tribolo, Bernardo Buontalenti und andere
Oltrarno, Piazza Pitti

Der Entwurf für den Großherzogspalast wäre unvollständig gewesen ohne einen großen Park; hinter dem Palast entsteht ein Garten »all'italiana« mit Terrassenanlagen und künstlichen Beeten, die die natürliche Geländeneigung des Boboli-Hügels ausnutzen. Die Gestaltung wird von Tribolo begonnen und nach seinem Tod (1550) von Ammannati weitergeführt, der den Garten als kompositorische Ergänzung des Palastes konzipiert. Von dem Cinquecento-Hof aus, dem wahren Zentrum der Gesamtanlage, erstreckt sich eine Symmetrieachse, an der sich das für Veranstaltungen bestimmte Amphitheater (die Stufenränge stammen aus dem 17. Jahrhundert), der Neptun-Brunnen und andere antikisierende Bauten aufreihen.

In einer Umgebung mit schöner Aussicht, mit außergewöhnlichen Pflanzen, also besonders vorteilhaften natürlichen Vorgaben, zwischen Statuen, Brunnen und architektonischen »divertissements« bildet sich so der dem 16. Jahrhundert zuzuordnende Teil des Gartens heraus, der lediglich den nördlichen Teil der Fläche zwischen Palast, Festung und »Giardino del cavaliere« umfaßt. Von Buontalenti, der 1583 die Bauleitung übernimmt, stammen die Grotten, eine phantasievolle architektonische Spielerei, mit einem Nebeneinander von naturalistischen Motiven (Stalaktiten, steinernem Blattwerk und anderem) und deutlichen Bezügen zur klassischen Tradition. Der Garten wurde seit dem 17. Jahrhundert bis zur heutigen Ausdehung von 45 Tausend Quadratmetern erweitert. Mit der Leitung der Umgestaltung werden Alfonso Parigi und andere Architekten beauftragt, die gleichzeitig mit der Erweiterung des Palastes beschäftigt sind, ein Beweis für die organische Verbindung zwischen diesen beiden Teilen der herzoglichen Anlage.

LITERATUR: Gurrieri 1975; Foriani Conti 1981; Caneva 1982

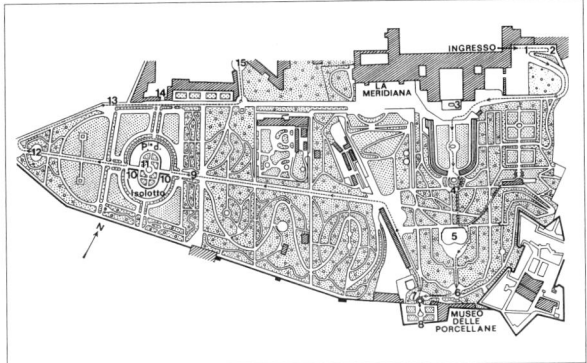

122

Palazzo Niccolini
Um 1550
Kreis um Baccio d'Agnolo und Giovanni Dosio
Stadtviertel San Giovanni, Via de'Servi 15
Der Palast ist weniger Baccio selbst als seinem
Umkreis (Domenico) zuzuschreiben. Die Fassade
ist - so das Urteil einiger Kritiker - Teil eines aus
dem 16. Jahrhundert stammenden Baus »senza
ordini architettonici«. Der Grundriß mit zwei
Höfen ist ungewöhnlich. Der große frontale
Portikus im zweiten Hof ist ein späteres Werk
von Dosio.
LITERATUR: Marcucci 1959; Bucci-Bencini 1973/a,
S. 79ff.

123

Palazzo Grifoni (oder Budini-Gattai)
1557-63
Baccio d'Agnolo und Bartolomeo Ammannati
Stadtviertel San Giovanni, Piazza
Santissima Annunziata, Ecke Via de'Servi
Auch dieser Palast wurde im Stil »alla romana«
errichtet. Merkmale hierfür sind die Ziegel-
steinfassaden, die Tympanon-Fenster und breiten Gurtgesimse sowie das Bossenwerk an den
Gebäudekanten. Der Grundriß stammt von Baccio, Ammannati entwarf die Fassaden und lei-
tet auch die Ausführung der Arbeiten.
LITERATUR: Fossi 1957, S. 61ff.; Bucci-Bencini
1973/a, S. 57ff.

124

Palazzo Capponi in Oltrarno
1559-85
Bernardo Buontalenti und andere
Oltrarno, Via Santo Spirito 4
Besonders interessant sind die Fassade zum
Lungarno und die Buontalenti zugeschriebene
Rückseite des Baus. Beachtliche Neuerungen
finden sich vor allem in den dekorativen Elementen: Konsolen und Fensterrahmungen, Gurtgesimse, Pilaster und Volutenkapitelle, die als typische Elemente der manieristischen Formensprache angesehen werden.

125
Casa di Bianca Cappello
1567-70
Bernardo Buontalenti
Oltrarno, Via Maggio 26
Das Haus gehörte der Mätresse von Francesco I.,
der Venezianerin Cappello. Der Vorgängerbau
aus dem 15. Jahrhundert wurde erneuert, und
es entstand eines der wenigen erhaltenen Beispiele für die in der zweiten Hälfte des 16. Jahrhunderts verbreitete Sgraffito-Dekoration. Buontalenti, Alchimist und Okkultist, ließ hier ein
breites Repertoire an Monstern, geflügelten
Faunen und Teufeln auftreten.
LITERATUR: Bucci-Bencini 1973/c, S. 99ff.

126
Casino Mediceo
1568-74
Bernardo Buontalenti
Stadtviertel San Giovanni, Via Cavour 57
Etwas abseits vom Famlienpalast und vom Leben
am Hof, aber an der traditionellen Via Larga ge-
legen, ist diese Residenz von Francesco I. als eine Werkstatt für alchimistische Experimente
konzipiert; diese Vorliebe teilte der Großherzog
mit seinem Architekten. In seiner Beschränkung auf das Wesentliche zeigt sich der dekorative Formenapparat den Vorbildern der lokalen Tradition verhaftet.
LITERATUR: Bucci-Bencini 1973/a, S. 27ff.; Fara
1988, S. 156ff.

127
Palazzo Ramirez di Montalvo
1568-72
Bartolomeo Ammannati
Stadtviertel San Giovanni, Borgo Albizi 26
Der vom Ersten Kämmerer Cosimos in Auftrag
gegebene Palast entsteht aus dem Zusammenschluß mehrerer Häuser; dies wird besonders in
der Abweichung des Eingangsportals von der
Mittelachse deutlich. Die Mitte ist dagegen
durch ein Fenster und ein großes Medici-Wap-
pen markiert; dieser Gebäudeteil läßt sich von
der Via Giraldi aus einsehen.
LITERATUR: Fossi 1957, S. 87ff.; Bucci-Bencini
1971, S. 91ff.

128

Palazzo Salviati
Um 1565-70
Bartolomeo Ammannati
Stadtviertel San Giovanni, Via del Corso 6
Das Gebäude entstand auf den Grundfesten verschiedener Häuser, die ehemals der Familie von
Beatrice Portinari gehörten. Der Grundriß war ursprünglich um zwei Höfe herum geplant; der erste Hof mit Arkaden und toskanischen Säulen ist
in einen Salon verwandelt worden, der zweite,
der sogenannte Cortile degli Imperatori, hat
die Form eines Perystils mit zwei von Statuen
und Büsten geschmückten Säulengängen.
LITERATUR: Pampaloni 1960; Bucci-Bencini 1971,
S. 85ff.

129

Palazzo Pucci
Um 1565-70
Bartolomeo Ammannati
Stadtviertel San Giovanni, Via de'Pucci 6
Dieses Gebäude entstand zeitgleich mit dem
Palazzo Salviati (zu dem es in einigen Details Par-
allelen aufweist) aus dem Zusammenschluß
von drei Vorgängerbauten. Die Mitte der langen
und massiven Fassade wird durch eine im ersten
Stock gelegene Loggia betont, ein ungewohntes
Element in der florentinischen Architektur.
LITERATUR: Bucci-Bencini 1973/a, S. 85ff.

130

Palazzo Giugni
Um 1577
Bartolomeo Ammannati
Stadtviertel San Giovanni, Via degli Alfani
48
Das für den Bankier Simone da Firenzuola bestimmte Gebäude zeigt eine einfache, aber gut
gegliederte Fassade, die ein Zeugnis der Wiederaufnahme von typischen Motiven des »Florentinismus« ist. In die weiß verputzte Wand-
fläche setzte Ammannati eine Reihe von Porta-
len und Rustika-Bögen von großer Plastizität: so
zum Beispiel die vertikale »Suite« in der Mitte
der Fassade.
LITERATUR: Bucci-Bencini 1973/a, S. 75ff.

131

Palazzo Zuccari

1578-79
Federico Zuccari
Stadtviertel San Giovanni, Via Giusti 43
An der Schmalseite, deren Gestaltung ganz am lokalen Geschmack orientiert ist, ist der Wechsel von Rustika und glatten Mauerstreifen auffallend, mit dem eine offenbar bewußt hervorgerufene Dissonanz erreicht wird, die auf die theatralischen Neigungen des Architekten verweist. Zuccari war ein bedeutender Vertreter der Malerei des späten 16. Jahrhunderts, der nach Florenz gerufen worden war, um die Domkuppel mit Fresken auszumalen.

132

Palazzo Larderel

Um 1580
Giovanni Dosio
Stadtviertel Santa Maria Novella, Via de'Tornabuoni 19
Der elegante und ein wenig kühle Fassadenaufbau in »Pietra forte« knüpft - nicht nur ideell - an die Modelle der Architektur »alla romana« an. Die durch Gurtgesimse dreigeteilte Vorderseite, aus der die Tympanon-Fenster und das schöne, nach klassischem Vorbild gestaltete Portal hervorstechen, bildet eindrucksvolles Gesamtbild.
LITERATUR: Bucci-Bencini 1973/b, S. 49ff.

133

Palazzo Nonfinito

1593-1604
Bernardo Buontalenti und andere
Stadtviertel Santa Croce, Via del Proconsolo 12
Buontalenti realisierte die robuste Fassade mit Bossenwerk im Erdgeschoß und gestaltete sie nach römischem Vorbild. Anschließend griff Cigoli ein, der als Erbauer des ungewöhnlichen »palladianischen« Hofes mit »Serliana« und Doppelsäulen gilt. Die Vollendung der durch Pilaster in Kolossalordnung gegliederten Fassade ist Caccinis Werk, bei dem er vielleicht von Scamozzi unterstützt wurde.
LITERATUR: Fara 1988, S. 247ff.

134

Ponte di Santa Trinità
1567-70
Bartolomeo Ammannati
Zwischen Lungarno Corsini und
Lungarno Guicciardini

Der Entwurf dieser Brücke, die mit größter
Sorgfalt bis in das kleinste originale Detail nach
1945 rekonstruiert wurde, geht wahrscheinlich auf Michelangelo zurück. Über die drei langen, in ihrer Schlankheit außergewöhnlichen
Brückenjoche sind weite Bögen gespannt. Indem
man diese auf massive Pfeiler setzte, schuf man
einen deutlichen Kontrast zwischen Basis und
Aufbau.
LITERATUR: Fossi 1957, S. 70ff.

135

Fassade der Chiesa di Santa Trinità
1593
Bernardo Buontalenti
Stadtviertel Santa Maria Novella, Piazza
Santa Trinità

Die durch ein Pilastersystem dreigeteilte Fassade läßt bereits barocke Anklänge erkennen. Um
ihr eine vertikale Dynamik zu geben, verstellte
Buontalenti die Konturen der Seitenkapellen
(vgl. Nr. 40) so, daß sie in der Fassadenansicht
nicht zu erkennen sind. Die besonders in den
Kapitellen und den Giebeln erkennbaren formalen Neuerungen verleihen einer ansonsten
kühlen Komposition die warme Atmosphäre.
LITERATUR: Fara 1988, S. 243ff.

136

Forte Belvedere (oder di San Giorgio)
1590-95
Bernardo Buontalenti und andere
Oltrarno, Via Costa San Giorgio

Die am Ostrand des Boboli-Gartens gelegene Festung hat einen komplizierten Grundriß, der sich
an die Geländeformen des Standortes anpaßt. Die
Sternform entspricht den damals modernsten
Modellen des Militärbauwesens. Die bereits in
der Architektur der Medici-Villen verwirklichte
und dort bewährte Palazzina del Capitano beherbergte den Schatz der Medici; heute dient sie
gemeinsam mit den umliegenden Räumlich-
keiten der Veranstaltung von Kunstausstellungen.
LITERATUR: Fara 1988, S. 226ff.

137

Villa di Castello

1540-92

Tribolo und Bernardo Buontalenti

Ortschaft Castello, Via de Castello 44-48

Der Gebäudekomplex, der sich seit 1480 im Besitz der Medici befand, wurde von Tribolo umgestaltet, der auch den Garten schuf, mit dem er - so heißt es - Regeln für einen lange verbindlichen »italienischen« Gartentyp festlegte. Dem späteren Eingriff von Buontalenti ist das Portal mit Rustika-Pilastern zuzuschreiben, wie auch der darüber liegende Balkon, das einzige Dekorationselement der langen Fassade.

LITERATUR: Fara 1988, S. 217ff.; Lorenzi 1989, S. 79ff.; Acidini-Galletti 1992

138

Villa della Petraia

1576-89

Bernardo Buontalenti

Ortschaft Castello, Via della Pietraia

Ursprünglich war die Villa eine kleine Burg der Familie Brunelleschi, von der nur der zentrale Turm erhalten geblieben ist. Ferdinando I. ist der Auftraggeber für den Umbau zur Medici-Villa. Vorher hatte Tribolo dort einen »italienischen« Garten mit Terrassenanlagen, Brunnen und anderen typischen Elementen gestaltet. Besonders mit seinem Namen ist der Ruhm des Gebäudes verbunden.

LITERATUR: Fara 1988, S. 217ff.; Lorenzi 1989, S. 79ff.; Acidini-Galletti 1992

139

Villa La Ferdinanda

1594-96

Bernardo Buontalenti

Carmignano, Ortschaft Artimino

Die Medici-Villa steht auf der Kuppe eines bewaldeten Hügels. Das von Ferdinando in Auftrag gegebene Jagdschlößchen weist Merkmale auf, die es zu einer Mischung aus Vergnügungsvilla und Militärstützpunkt machen. Zwei Ecktürme schließen die verlängerte Frontseite ein, und in der Mitte ragt eine Terrassen-Loggia hervor, die das auffälligste Element des Baus ist.

LITERATUR: Fara 1988, S. 255ff.

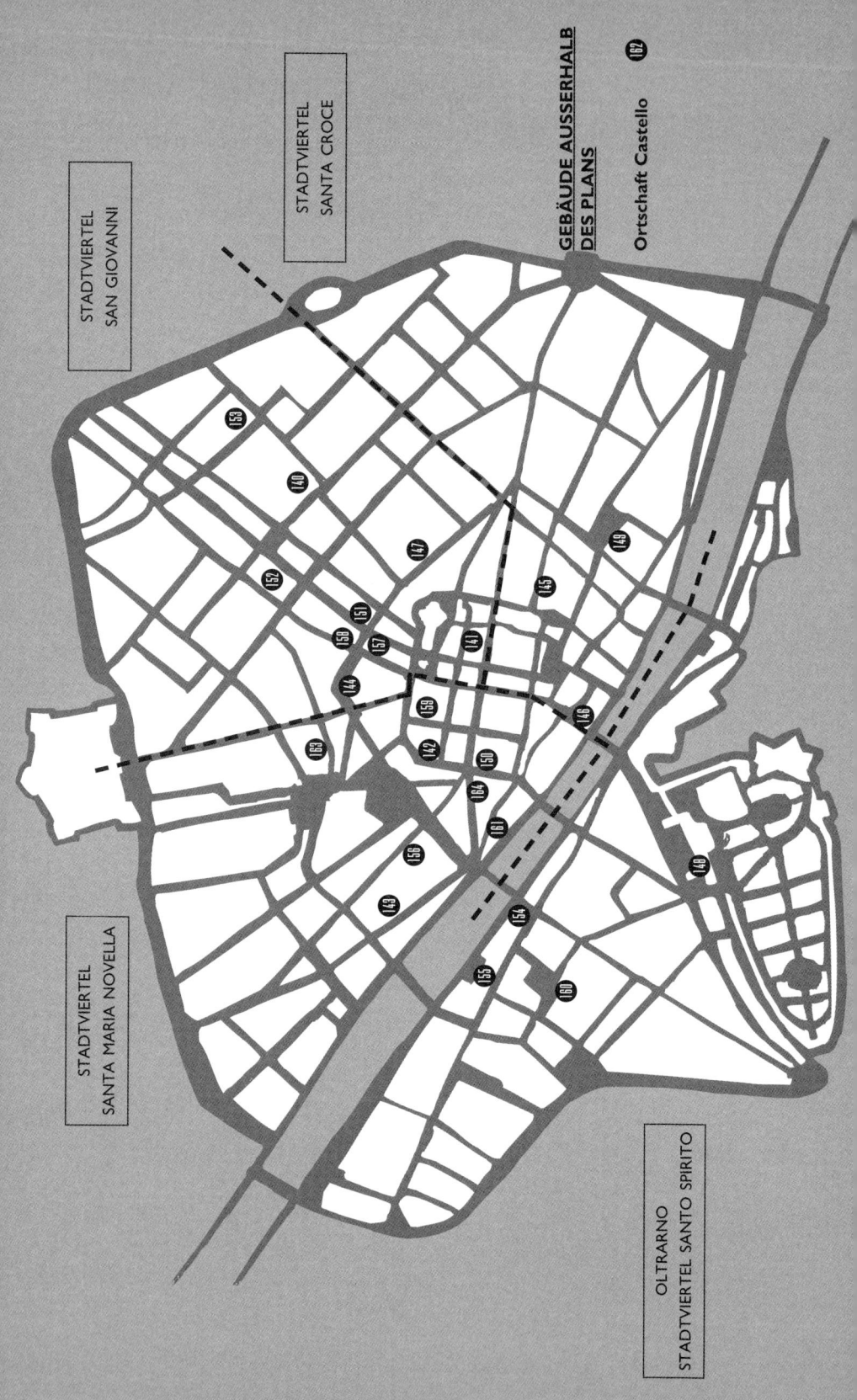

STADTVIERTEL
SAN GIOVANNI

STADTVIERTEL
SANTA CROCE

GEBÄUDE AUSSERHALB
DES PLANS

Ortschaft Castello

162

153

140

147

149

152

145

151

158

157

141

146

159

163

142

150

164

161

156

148

149

154

155

160

STADTVIERTEL
SANTA MARIA NOVELLA

OLTRARNO
STADTVIERTEL SANTO SPIRITO

Florenz im 17. Jahrhundert

Erdrückt vom Mythos des 14. und 15. Jahrhunderts, erdrückt von Giotto, Donatello und Brunelleschi, ist die barocke Architektur in Florenz für die meisten Kritiker nur eine Randerscheinung. Die Kapelle der Medici-Fürsten in San Lorenzo mit ihren meisterhaften Intarsienarbeiten, die als die wichtigste Hervorbringung dieser Epoche gelten muß, wurde als Werk des Exzesses denunziert. Eine Erklärung für diese angeblich dürftigen Leistungen des florentinischen Seicento sah man im politischen und wirtschaftlichen Niedergang der Stadt.

Nach 1604, dem Todesjahr des letzten Großherzogs, Sohn des großen Cosimo, schien Florenz unwiederbringlich in die Rolle einer zweitrangigen Stadt zu verfallen, und die letzten Medici wirkten wie farblose Persönlichkeiten. Dennoch hat der florentinische Barock Künstlerpersönlichkeiten von beachtlichem Format hervorgebracht, wie Matteo Nigetti und Gherardo Silvani in der ersten Hälfte des Jahrhunderts, Antonio Maria Ferri und Giovan Battista Foggini in der zweiten Hälfte.

Die Kirche und der Palast sind die Bauaufgaben, für die diese Architekten Entwürfe entwickelten, die zumeist darin bestanden, das Vorgefundene zu erneuern, mit Anbauten zu versehen, oder aber das Bestehende umzugestalteten. Das Repertoire der barocken Bauvorhaben in Florenz beschränkte sich also zumeist auf Fassaden, Kuppeln, Laternen und im Innenraum der Kirchen auf Ädikulä, Altäre und Kapellen.

140

Erneuerung der Chiesa della Santissima Annunziata

1601-93
Giovanni Caccini und andere
Stadtviertel San Giovanni, Piazza
Santissima Annunziata

Die Kirche des Quattrocento (vgl. Nr. 78) verschwindet fast ganz unter einem neuen Bau in barocken Formen (dies betrifft vor allem Fassade und Chor). Der Umbauprozeß begann an der Fassade. Mit ihrer Neugestaltung in Form einer Loggia (1601-14) übernahm Caccini das Motiv eines Bogens, den seinerzeit Antonio da Sangallo der Jüngere in der Mitte der Fassade über dem Kircheneingang errichtet hatte (vgl. Nr 113). Aus dem Baldachin wurde in einer bühnenbildnerischen Auffassung von der Gestaltung des öffentlichen Raumes nun eine Loggia entwickelt, deren Bogenstellung an Brunelleschis Findelhaus orientiert ist, das dort angewandte Grundmaß allerdings in der Höhe erweitert und so deformiert. Ab 1605 begann Caccini mit der Umgestaltung des Chores, den er mit Nischen und Ädikulä wie eine Art Hauptkapelle ausstattete. 1608 baute er die Cappella di San Sebastiano um und brachte sie in eine direkte Verbindung mit der neuen Loggia. Vollendet wurde die barocke Kirche durch Eingriffe von Matteo Nigetti in der Cappella Coloredo (1643-52) und schließlich von Giovan Battista Foggini in der Cappella Feroni (1691-93).

LITERATUR: Cresti 1990, S. 35ff.

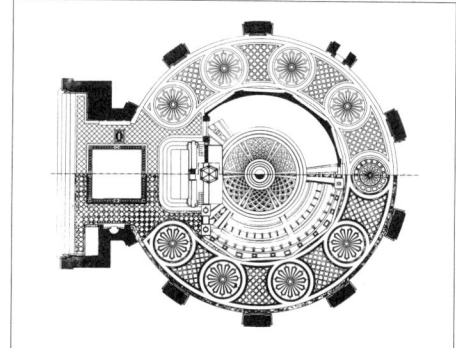

141

Chiesa della Madonna de'Ricci

1604
Gherardo Silvani
Stadtviertel San Giovanni, Via del Corso

An das aus dem 16. Jahrhundert stammende Gebäude ist ein Vorbau angefügt worden, der die Hauptfassade bildet. Über der Loggia mit drei Arkadenstellungen befindet sich ein großes Fenster, das dem Innenraum Licht gibt. Der über den modellierten Konsolen vorspringende Balkon verbindet diese in einer vertikalen Sequenz miteinander, so daß an Palastfassaden erinnert wird. Der Innenraum wurde im 18. Jahrhundert von Zanobi del Rosso umgestaltet.

LITERATUR: Botteri 1986; Cresti 1990, S. 132

142
Chiesa dei Santi Michele e Gaetano
1604-49
Matteo Nigetti, Gherardo Silvani
Antikes Zentrum, Piazza Antinori
Mit ihrer langen Baugeschichte, die die gesamte erste Hälfte des Jahrhunderts durchläuft, ist die

Theatiner-Kirche eines der bedeutendsten Zeugnisse des 17. Jahrhunderts in Florenz. Es ist kein Zufall, daß hier einige der herausragendsten Künstlerpersönlichkeiten mitgearbeitet haben. Die barocke Umgestaltung des mittelalterlichen Gebäudes wurde 1630 von Nigetti abgeschlossen, dann von Silvani weitergeführt, der 1648 das Schiff erweiterte und die Fassade entwarf: Strenge der Gegenreformation und barocker Überschwang verschmelzen hier miteinander. Dies zeigt sich in der Verbindung von Fassadenaufbau mit seiner doppelten, übereinandergestelltern Säulenordnung und dem reichen Skulpturenschmuck (steinerne Wappen, Urnen, Statuen in den Nischen und anderes). Im tonnenüberwölbten und von Kapellen umgebenen Innenraum wechseln Flachreliefs mit Statuen; das reine Weiß der Dekoration sticht vor dem in dunklem Marmor gehaltenen Hintergrund hervor. Diese mit starken Farbkontrasten ausgeführte Gestaltung findet man auch in der zeitgleich von Nigetti geschaffenen Medici-Kapelle in San Lorenzo.
LITERATUR: Mosco 1974, S. 64ff.; Chini 1984; Cresti 1990, S. 54ff.

143
Chiesa di Ognissanti
1627-37
Bartolomeo Pettirossi und Matteo Nigetti
Stadtviertel Santa Maria Novella, Piazza Ognissanti
Von dem mittelalterlichen Gebäude und dem Kloster, die dem Bezirk den Namen gegeben haben, ist nur der Glockenturm erhalten. Während der angrenzende Kreuzgang den Charakter des Quattrocento beibehalten hat, ist die Kirche ein Beispiel barocker Architektur. Mit ihrer durch den Rundgiebel im Zentrum betonten Vertikale ist die Fassade eine der originellsten Arbeiten Nigettis.
LITERATUR: Mosco 1974, S.70; Cresti 1990, S. 57ff.

144

Cappella de'Principi in San Lorenzo
1604-50
Matteo Nigetti und andere
Stadtviertel San Giovanni, Piazza
Madonna degli Aldobrandini
Der letzte wichtige Abschnitt der von den Medici unternommenen Umgestaltung der Kirche San Lorenzo in ein Familien-Pantheon ist die Fertigstellung der Fürstenkapelle (vgl. Nr. 65). Der Bau dieses Zentralraums, der den Großherzögen als Grabstätte dienen sollte, wurde 1604 von Nigetti begonnen, dessen Arbeit vielleicht auf dem von Buontalenti abgeänderten Entwurf von Giovanni de'Medici beruhte. Bei der Organisation des Baukörpers orientierte man

sich an Brunelleschis Gebäude, auch wenn keine direkte Verbindung der beiden Bauabschnitte bestand. Hierbei diente die von Michelozzo für die Santissima Annunziata gefundene Lösung als Vorbild. Der achteckige Bau hat einen Durchmesser von fast 29 Metern; die gewaltigen Dimensionen des Innenraums werden durch die Farbigkeit der mit dunklen Marmorplatten und Intarsien aus Halbedelsteinen, Perlmutt und Korallen verkleideten Flächen betont. Der Raum ist durch eine 59 Meter hohe, in der Mitte des 18. Jahrhunderts fertiggestellte Kuppel überdacht; sie trägt keine Laterne, ist aber wie die Domkuppel in Kuppelwangen unterteilt.
LITERATUR: Chastel 1983; Wazbinski 1983; Cresti 1990, S. 42ff. und S. 77ff.

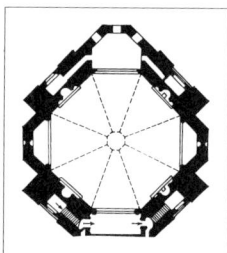

145

Chiesa dei Santi Simone e Giuda
1628-30
Gherardo Silvani
Stadtviertel Santa Croce, Via della Vigna vecchia
Der barocke Umbau des Gebäudes aus dem 13. und 14. Jahrhundert ist an Modellen orientiert, die sich durch große Nüchternheit auszeichneten. Die Wände des einzigen Schiffes sind durch ein Gitternetz aus Lisenen und horizontalen Bändern aus Stein gegliedert. Die Einfachheit des Innenraums steht im Kontrast zur reichen Dekoration der geschnitzten und vergoldeten Kassettendecke.
LITERATUR: Cresti 1990, S. 132ff.

146
Chiesa di Santo Stefano al Ponte
1631-55
Pietro Tacca und Antonio Maria Bartolamei
Stadtviertel Santa Croce, Piazza Santo Stefano
Während die Krypta zwischen 1640 und 1650 von Tacca gebaut wurde, ist der obere Teil Werk des Auftraggebers A.M.Bartolamei selbst, der sich in seiner Freizeit als Architekt betätigte. Im Chor und im Presbyterium hinter der bizarren ausladenden Treppe von Buontalenti taucht ein großer Bogen mit polygonaler Linienführung auf. Dieses ungewöhnliche Motiv wird in den Chor-Nischen und den Jochen der Krypta wieder aufgegriffen.
LITERATUR: Busignani-Bencini 1982, S. 113ff.

147
Arcispedale di Santa Maria Nuova
1606-63
Bernardo Buontalenti und Giulio Parigi
Stadtviertel San Giovanni, Piazza Santa Maria Nuova
Der ursprüngliche Kernbau und die anschließende Folge von Kreuzgängen aus dem 14. und 15. Jahrhundert wurden in mehreren Phasen umgebaut. Buontalentis Portikus verbindet verschiedene Gebäudeteile und schafft einen Anschluß an die Kirche Sant'Egidio aus dem 15. Jahrhundert. Das Untergeschoß ist Parigis Werk, während das Obergeschoß erst im 18. Jahrhundert vervollständigt wurde.
LITERATUR: Linnekamp 1958; Lucarella 1988

148
Erweiterungsbau am Palazzo Pitti
1619-50
Giulio Parigi
Oltrarno, Piazza Pitti
Nach einem Architekten-Wettbewerb wird der großherzogliche Palast (vgl. Nr. 87, Nr. 120) im 17. Jahrhundert nochmals erweitert. Zunächst an der Nordseite (1620) und anschließend auf der Südseite (1631) wurden den zur Stadt hin gelegenenen Fassaden drei neue Arkadenstellungen hinzugefügt. Schließlich erreichte man durch die Errichtung der beiden seitlichen Vorbauten (1640-50) die heutige, wie eine verlängerte Zange wirkende Form.
LITERATUR: Linnekamp 1958; Baldini Giusti 1980

149

Palazzo dell'Antella

1619

Giulio Parigi

Stadtviertel Santa Croce, Piazza Santa
Croce 21

Die lange Fassade mit dem vorspringende Obergeschoß auf Konsolen war vollständig mit Sgraffito geschmückt. Das Werk von Parigi wurde einem vielleicht von Buontalenti stammenden, im 16. Jahrhundert aus dem Zusammenschluß mehrerer Baueinheiten geschaffenen Gebäude vorgesetzt. Man beachte den sich mit zunehmender Höhe verkürzenden Abstand zwischen den drei Fensterreihen.

LITERATUR: Bucci-Bencini 1971, S. 99ff.

150

Palazzo Strozzi del Poeta

1626-29

Gherardo Silvani

Stadtviertel Santa Maria Novella, Via de'
Tornabuoni 5

Der Palast wurde von Giovan Battista Strozzi, einem Gelehrten und Mäzen, genannt »der Poet«, in Auftrag gegeben. Er sollte hier eine Künstlergruppe mit dem Namen »degli Alterati« versammeln. Der einfache Fassadenaufbau wird durch die eleganten Dekorationsideen von Silvani bereichert, so etwa die Schein-Balkone, die Seitenstatuen und das Dachgesims mit Metopen und Triglyphen.

LITERATUR: Ginori Lisci 1972, S. 179ff.

151

Palazzo Covoni

1623

Gherardo Silvani und andere

Stadtviertel San Giovanni, Via Cavour 4 (6)

Das im 18. Jahrhundert vollendete Gebäude ist der Zusammenschluß von Bauteilen aus dem 16. Jahrhundert und aus Teilen, die Gherardo Silvani zugeschrieben werden. Hier finden wir bereits Elemente aus dem Repertoire eines Architekten, der als »scharfsinniger Stümper der Architektur« (Cresti 1990, S.131) bezeichnet wurde: glatte Wandflächen, in die angeschrägte Giebel-Fenster und Eingangsportale mit Konsolen für den darüberliegenden Balkon eingesetzt sind.

LITERATUR: Bucci-Bencini 1973/a, S. 15ff.

152

Palazzo Castelli-Marucelli

1634

Gherardo Silvani

Stadtviertel San Giovanni, Via San Gallo 10

Ein Beispiel der Mittelmäßigkeit architektonischer Leistungen des 17. Jahrhunderts in Florenz. Die Ausdruckskraft des Gebäudes beruht allein auf den Fenstern, Giebeln, Laibungen, die auf die nackten verputzten Wandflächen gesetzt sind. Man beachte im Zentrum das Portal mit ungewöhnlichen, großen, in Stein gehauenen Konsolen, die den Balkon des ersten Stocks tragen. Das große vorspringende Dachgesims wurde im 19. Jahrhundert hinzugefügt.

LITERATUR: Ginori Lisci 1972, S. 365ff.

153

Palazzo di San Clemente

Um 1640

Gherardo Silvani ?

Stadtviertel San Giovanni, Via Micheli, Ecke Via Capponi

Die Zuschreibung des Palastes ist nicht gesichert. Verschiedene Eigenheiten der Komposition erscheinen untypisch für einen Bau Silvanis: Die beiden Vorbauten, die durch eine Balustraden-Terrasse verbunden werden, gliedern die Straßenfassade sehr stark, so daß die Gesamtanlage eher an eine Villa als an eine Palast-Architektur erinnert. Das Gebäude ist heute Sitz der Architektur-Fakultät.

LITERATUR: Ginori Lisci 1972, S. 513ff.

154

Palazzo delle Missioni

Um 1640-50

Bernardino Radi

Oltrarno, Piazza Frescobaldi 1

Diese Residenz für die Domherren der nahen Kirche San Jacopo zeigt eine originelle Fassade, in die der Architekt einige aus dem Repertoire der Profanarchitektur entnommene Elemente einmontieren ließ: Außer den unteren Fenstern, die mit den Öffnungen des Mezzaninegeschosses zusammengezogen sind, beachte man die Anordnung der Nischen und des Gurtgesimses (über den beiden ersten Geschossen).

LITERATUR: Bucci-Bencini 1973/c, S. 79ff.

103

155

Chiesa di San Frediano in Cestello

1670-98

Pier Francesco Silvani, Giulio Cerutti und Antonio Maria Ferri

Oltrarno, Piazza del Cestello

Trotz einer bewegten Baugeschichte (drei Architekten lösten einander ab) kann der von einem Zisterzienser-Gebäude ausgehende Kirchen-Neubau als einer der Höhepunkte der Architektur des florentinischen Barock bezeichnet werden. Die Kirche hat sich - und dies ist für Barockbauten in Florenz eher selten - einen Platz im Stadtbild erobert: Die von einem eleganten Tambour getragene Kuppel beherrscht das Bild der Stadtlandschaft jenseits des Arno. Der längliche Grundriß mit zentraler Kuppel nach dem Modell des Cinquecento ist im wesentlichen von Silvani ausgearbeitet worden, der jedoch bei der Ausführung auf einige Probleme stieß. Auf Cerutti folgte Ferri, der die Arbeiten beendete und die große Kuppel baute. Der großzügig gestaltete Innenraum ist voller Schwung. Die vertikale Ausrichtung der Gesamtanlage wird durch die aus dem 18. Jahrhundert stammenden Kuppel-Fresken betont.

LITERATUR: Mosco 1974, S. 36; Busignani-Bencini 1974, S. 123ff.; Cresti 1990, S. 212ff.

156

Chiesa di San Paolo Apostolo (oder San Paolino)

1669-93

Giovan Battista Balatri

Stadtviertel Santa Maria Novella, Via Palazzuolo

Die mittelalterliche Kirche wurde auf einem Grundriß in Form des lateinischen Kreuzes mit zentraler Kuppel, sehr langgestrecktem Schiff und Chor und kurzen Querschiffarmen (wie San Frediano) erneuert. Die Anlage konnte nicht in dem geplanten Umfang ausgeführt werden. Ergebnis ist ein Gebäude mit nüchternem Ambiente, aber nicht ohne räumliche Qualitäten.

LITERATUR: Cresti 1990, S. 210ff.

157

Chiesa di San Giovannino degli Scolopi

1661-65
Alfonso Parigi der Jüngere
Stadtviertel San Giovanni, Via de'Martelli
Seit 1557 im Besitz der Jesuiten, wurde das Gebäude 1570 erneuert. Parigis Aufgabe war es, die Fassade in einem rechtwinkligen Rahmen neuzugestalten und mit Nischen und Tympanon, nach dem von Michelangelo geprägten Modell, und mit eingestellten Doppelsäulen auszustatten. Kirche und Fassade wurden erst im 19. Jahrhundert vollendet.
LITERATUR: Donati 1930

158

Erweiterungsbau am Palazzo Medici-Riccardi

1670-85
Pier Maria Baldi und Giovan Battista Foggini
Stadtviertel San Giovanni, Via Cavour 1
Nach dem Verkauf an den Marchese Gabriello Riccardi (1659) wird der Medici-Palast (vgl. Nr. 74) erweitert und umgebaut: zunächst der Flügel zur Via de'Ginori, in dem sich die prachtvollen Räume der Galerie und Bibliothek befinden. Nach 1685 begann die Neugestaltung des Flügels an der Via Cavour, der mit einer monumentalen Freitreppe ausgestattet wurde. Heute ist der Palast Sitz der Präfektur.
LITERATUR: Cherubini-Fanelli 1990

159

Palazzo Orlandini del Beccuto

1679
Antonio Maria Ferri
Stadtviertel Santa Maria Novella, Via de'Vecchietti 6 und 8
Entgegen des einheitlichen Eindrucks, den die symmetrische Anlage erzeugt, entstand die lange Fassade aus dem Zusammenschluß zweier unterschiedlicher Gebäude. Aus der nüchternen Einheitlichkeit des Gesamtaufbaus ragen einige wirkungsvolle Ideen wie die behauenen Bossenquader und die geschickte Betonung des Grundmaßes in der Umrahmung der Fensterfolge an der Fassade heraus.
LITERATUR: Bucci-Bencini 1973/b, S. 63ff.

160

Cappella Corsini in der Chiesa Santa Maria del Carmine
1674-83
Pier Francesco Silvani
Oltrarno, Piazza del Carmine

Durch seine Größe und selbständige Gesamtanlage erscheint das dem Heiligen Andrea Corsini geweihte Mausoleum wie eine unabhängige Gebäudeeinheit neben der Kirche (vgl. Nr. 57). Der Zentralraum ist von vier Triumphbögen umschlossen und durch eine Kuppel mit Laterne überdacht. Vor Silvanis Eingriff wurde Pietro da Cortona mit vorbereitenden Studien betraut.
LITERATUR: Bencini-Busignani 1974, S. 100ff.; Cresti 1990, S. 188

161

Palazzo Corsini al Parione
1656-99
Antonio Maria Ferri und andere
Stadtviertel Santa Maria Novella, Lungarno Corsini 10

Dieser Bau ist vielleicht das markanteste Beispiel der Profanarchitektur des 17. Jahrhunderts in Florenz. An seiner Ausführung waren einige der Protagonisten des florentinischen Barocks beteiligt: zunächst Tacca, dann Silvani (Schöpfer der Wendeltreppe im Innern) und schließlich Ferri, der die monumentale Freitreppe unter einem kuppelüberdachten Raum entwirft. Dem letztgenannten ist vielleicht auch die an ein Bühnenbild erinnernde Fassade zum Arno hin zu-

zuschreiben, deren Anlage auf zwei miteinander durch eine lange Balustrade verbundenen Vorbauten im unteren Bereich gründet. Diese Ansicht zeigt das wirkungsvolle Bild eines Gebäudekomplexes mit den monumentalen Ausmaßen und der Großzügigkeit eines Herzogspalastes. Durch den Bau des Westflügels und insbesondere durch die Vervollständigung der Innendekoration wird dieser Charakter im 17. Jahrhundert betont. Zu den bedeutendsten Räumen gehören der große Ballsaal und die Gemäldegalerie: ein seltenes, bis heute erhaltenes Beispiel für einen Raum, der der privaten Sammelleidenschaft gewidmet war.
LITERATUR: Ginori Lisci 1972, S. 147; Bucci-Bencini 1973/b, S. 101ff.; Cresti 1990, S. 217ff.

162
Villa Corsini in Castello
1698-99
Antonio Maria Ferri
Ortschaft Castello, Via della Pietraia
Bei der Umgestaltung des aus dem 15. Jahrhundert stammenden Gebäudes konzentrierte Ferri sich auf die Eingangsfassade und vor allem auf den wie eine Theaterkulisse konzipierten Mittelteil. Er schuf dort eine vertikale Sequenz, die in einem durch Voluten mit dem Dach verbundenen Tympanon gipfelt. Der Garten stammt aus dem 16. Jahrhundert und ist ein Werk Tribolos.
LITERATUR: Lorenzi 1989, S. 121ff.

163
Palazzo dei Cartelloni
1690-93
Giovan Battista Nelli
Stadtviertel Santa Maria Novella, Via Sant'Antonino 11
Dieses nüchterne Barockgebäude, das für den Wissenschaftler Vincenzo Viviani gebaut wurde, hat seinen Namen von den ungewöhnlichen, großen steinernen Schrifttafeln, die im unteren Bereich der Fassade zu sehen sind. Dort hatte man Inschriften zum Andenken an Galileo und eine Lobrede auf Ludwig XIV., König von Frankreich, eingemeißelt.
LITERATUR: Ginori Lisci 1972, S. 315ff.

164
Palazzo Viviani della Robbia
1693-96
Giovan Battista Foggini
Stadtviertel Santa Maria Novella, Via de'Tornabuoni 15
Der für einen Berater Cosimos III. errichtete Bau ist der einzige von Foggini entworfene Palast und Beispiel für einen dekorativen Überschwang, der normalerweise nur für religiöse Bauaufgaben eingesetzt wurde. In der Mitte der Fassade sehen wir eine Folge von Portal-Balkon-Fenster, die durch eine doppelte Linie von Wellengiebeln betont wird. An der Gebäudekante auf einem Doppelpilaster ein großes Marmor-Wappen.
LITERATUR: Cresti 1990, S. 254

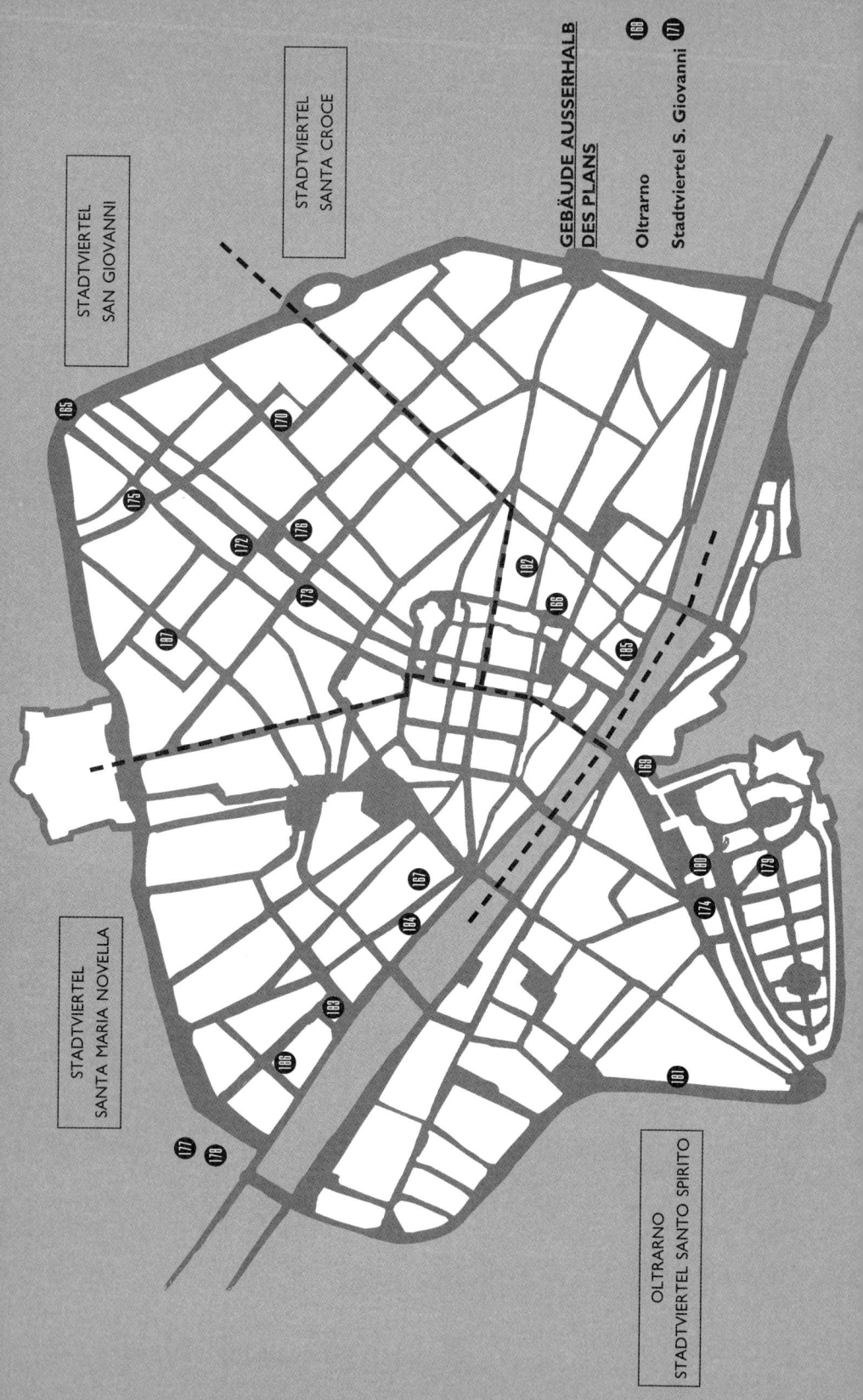

STADTVIERTEL
SAN GIOVANNI

STADTVIERTEL
SANTA CROCE

GEBÄUDE AUSSERHALB
DES PLANS

Oltrarno

Stadtviertel S. Giovanni

STADTVIERTEL
SANTA MARIA NOVELLA

OLTRARNO
STADTVIERTEL SANTO SPIRITO

Florenz zur Zeit
der Lothringer-Herrschaft

Zwischen 1740, als das Großherzogtum an das Haus Lothringen fiel, und 1860, dem Jahr des Anschlusses an das Königreich Italien, lag eine Phase, die, trotz epochaler Umwälzungen (Napoleonische Ära, Übergang zur Moderne), allgemein als homogen angesehen wird. Die Stadt schien - wenn auch langsam - aus dem Zustand der Lähmung zur Zeit der letzten Medici zu erwachen, und es entstand ein Klima der Reformen. Neben dem Begriff des Schönen setzte sich nun auch das Prinzip des Nützlichen durch, das zu einer Reihe von neuen Bauaufgaben führte: Es entstanden Handelsbörse, Friedhof und Zollhaus. Ein großer Teil des Besitzstandes der religiösen Einrichtungen kam unter weltliche Kontrolle und erhielt eine neue Zweckbestimmung in Form von kollektiven Einrichtungen: Schulen, Krankenhäuser, wissenschaftliche und künstlerische Institutionen entstanden, und immer deutlicher setzte sich die neue Idee des Museums durch. Die Architektur reagierte auf das Reformklima mit den liebenswürdigen Formen des Klassizismus: Manetti, Poccianti, Baccani waren die Interpreten dieser verspielten Zeit, und dem besonderen Stil ihrer Architektur entsprachen oft biographische Details. Um jedoch den Eindruck eines zu einhelligen Bildes zu vermeiden, muß gesagt werden, daß bei der Arbeit an religiösen Bauten gerade damals die letzten gegenreformatorischen Bestrebungen aufloderten, so wurde etwa die große barocke Fassade von San Firenze erst 1775 fertiggestellt. Im Florenz unter den letzten lothringischen Herrschern wurden schließlich einige Bauaufgaben vorweggenommen, die erst unter der Herrschaft der Savoyer zentrale Bedeutung gewannen. Neben der Verwandlung des Pitti-Palastes in einen Königspalast waren dies die Schaffung der Lungarni (Uferstraßen am Arno) und der Abriß einiger Abschnitte der Stadtmauern.

165

Triumphbogen
1738-40
Jean Nicholas Jadot
Stadtviertel San Giovanni, Piazza della
Libertà
Als ein Bau zwischen ephemerem Zweck und
Denkmalscharakter wirkt der Triumphbogen wie
eine Verbildlichung des Übergangs zur lothringischen Herrschaft. Er wurde zur Begrüßung
beim Einzug des Großherzogs Franz Stephan
von Lothringen am 19. Januar 1739 errichtet. Das
in aller Einfachheit nach dem gewohnten dreiteiligen Schema konzipierte Bauwerk erhält
durch den Skulpturenschmuck sein Gewicht.
LITERATUR: Cresti 1987, S. 10ff.

166

**Chiesa und Convento dei Filippini
(oder San Firenze)**
1645-1775
Pier Francesco Silvani und andere
Stadtviertel Santa Croce, Piazza San Firenze
Die lange, symmetrische Fassade ist ein Werk aus
dem 18. Jahrhundert und verbindet eine Reihe
verschiedener in barocken Formen des 17. und
18. Jahrhunderts errichteter Gebäude miteinander. Die Gesamtanlage steht an der Stelle eines
San Fiorenzo geweihten antiken Tempels (dessen Name zu San Firenze entstellt wurde, die
noch heute verwendete Bezeichnung für den gesamten Komplex). An der Nordseite der Zwil-
lingsfassade liegt die von Silvani entworfene
und 1713 unter der Leitung von Gioacchino
Fortini fertiggestellte Kirche, die dem Heiligen
Filippo Neri geweiht ist. Der einschiffige Bau mit
halbkreisförmigem Chor übernimmt Elemente eines zu dieser Zeit von Pietro da Cortona entwickelten Modells.
Am anderen Ende befindet sich das Oratorium,
das in der zweiten Hälfte des 18. Jahrhunderts
nach dem Entwurf von Zanobi del Rosso in
Form einer an beiden Enden halbkreisförmig geschlossenen Halle ausgeführt wurde. In der Mitte befindet sich das Kloster, heute Sitz des Ge-
richts: Es ist um einen großen Kreuzgang herum
angelegt, der von Giovan Filippo Ciocchi nach
Vorgabe barocker Grundmaße zwischen 1745
und 1749 neugestaltet wurde.
LITERATUR: Busignani-Bencini 1982, S. 199ff.;
Cresti 1990, S. 180ff.

167

Ex-Ospedale di San Giovanni di Dio
1702-35
Carlo Marcellini
Stadtviertel Santa Maria Novella, Borgo
Ognissanti 20
Der im 14. Jahrhundert auf Initiative der Vespucci gegründete Gebäudekomplex wurde zu Beginn
des 18. Jahrhunderts erweitert und verändert, bis
er die heutige Größe erreichte. Bei dieser Gelegenheit wurden die Fassade zur Straße, die Kirche und ein Atrium gebaut, der der architek-
tonisch interessanteste Raum ist, in dem sich
zwei kurvenförmig verlaufende Rampen ef-
fektvoll entfalten.
LITERATUR: Lucarella 1989

168

**Chiesa di San Giorgio alla Costa
(oder dello Spirito Santo)**
1705
Giovan Battista Foggini
Oltrarno, Via della Costa San Giorgio
Diese alte, vor dem Jahre 1000 gegründete Pri-
oratskirche ist dem Kloster Santo Spirito angeschlossen. Der Innenraum wurde von Foggini erweitert und umgestaltet, der hier seine
Fähigkeiten als Dekorateur beweist: Das gesamte
Innere ist mit weißem und vergoldetem Stuck
im Rokoko-Stil verziert, der Raum wird durch
den großen Nonnenchor unterbrochen.
LITERATUR: Busignani-Bencini 1974, S. 191ff.;
Cresti 1990, S. 258ff.

169

Innenraum der Chiesa di Santa Felicità
1736-39
Ferdinando Ruggeri
Oltrarno, Piazza Santa Felicità
Der an die Kirchenfassade angebaute Vasari-
Korridor schuf eine direkte Verbindung mit
dem großherzoglichen Wohnsitz. Damit war ent-
schieden, daß die Kirche zur »Palastkirche«
werden mußte. Ruggeri verwirklichte hier eine
Anlage von monumentaler Wirkung. Große
Bauglieder aus »Pietra serena« geben dem ein-
schiffigen Raum mit Kapellen eine vertikale
Dynamik.
LITERATUR: Bencini-Busignani 1974, S. 165ff.;
Fiorelli Malesci 1986

170

Palazzo Capponi
1699-1716
Carlo Fontana und andere
Stadtviertel San Giovanni, Via Capponi 26
Das große U-förmige Gebäude wurde in Rom
von Fontana entworfen, jedoch vor Ort von
Alessandro Cecchini ausgeführt. Während die
Straßenseite von den für das 17. Jahrhundert typischen Formen einer architektonischen »me-
diocritas« inspiriert zu sein scheint, ist die Gar-
tenfront wesentlich komplexer und artikulierter:
Sie wird durch die beiden seitlichen Vorbauten,
den Portikus und die beiden großen Fenster an
der Rückwand belebt.
LITERATUR: Bucci-Bencini 1973/a, S. 33ff.

171

Casino della Livia
1775
Bernardo Fallani
Stadtviertel San Giovanni, Piazza San
Marco 16
Das ursprünglich als Sitz einer Behörde konzipierte Gebäude wurde später vom Großherzog
der Ballerina Livia Malfatti Raimondi überlassen,
die es als ihren Wohnsitz nutzte. Es ist ein
seltsames und frühes Beispiel für die Renaissance
des Cinquecento: Alle Dekorationselemente der
Fassade erinnern an Buontalentis Architektur.
LITERATUR: Cresti 1987, S. 156ff.

172

Villa di Poggio Imperiale
1767-1808
*Gaspare Maria Paoletti, Pasquale Poccianti und
Giuseppe Cacialli*
Oltrarno, Viale di Poggio Imperiale
Die ehemalige Residenz der Salviati wurde von
Giulio Parigi (1622-24) und dann von Pietro
Tacca (1681-83) erweitert und umgebaut. Das
vorherrschende klassizistische Aussehen geht
zurück auf den Eingriff von Paoletti (1767-82)
und Poccianti, der mit Cacialli die durch ionische
Halbsäulen gegliederte und mit einem großen
Tympanon abschließende vordere Fassade schuf.
LITERATUR: Borsi-Morolli-Zangheri 1975, S. 219ff.;
Lorenzi 1989, S. 148ff.

173

Biblioteca Marucelliana

1748-52
Alessandro Dori
Stadtviertel San Giovanni, Via Cavour 43

Anlaß für den Bau war der Nachlaß des 1703 verstorbenen Abate Francesco Marucelli. Um dessen für die Öffentlichkeit bestimmte Bibliothek mit einem Bestand von vierzigtausend Bänden unterzubringen, wurde unter anderem mit der finanziellen Unterstützung des Regentschafts-Rates dieses Gebäude entworfen. Abgesehen von finanziellen Gründen scheint sich auch der didaktische Charakter der Initiative im nüchternen Fassadenaufbau widerzuspiegeln.
LITERATUR: Cresti 1987, S. 35ff.

174

Palazzo della Specola

Ab 1775
Giuseppe Martelli und andere
Oltrarno, Via Romana 17

In dem alten Palast der Torrigiani wurden in der zweiten Hälfte des 18. Jahrhunderts einige wissenschaftliche, insbesondere anatomische und zoologische Sammlungen untergebracht, und der Bau anschließend vergrößert. Daneben liegt das astronomische Observatorium (»la Specola«), das dem Gesamtkomplex seinen Namen gab. Im ersten Stock befindet sich eine Tribüne in Halbkreisform, die 1842 für einen Wissenschaftler-Kongreß gebaut wurde.
LITERATUR: Cresti 1987, S. 134ff.

175

Ex-Ospedale di Bonifacio

1787
Giuseppe Salvetti
Stadtviertel San Giovanni, Via San Gallo 83

Das Gebäude, in dem sich heute die Quästur befindet, entspricht - zumindest teilweise - dem Erweiterungsbau des 1377 von Bonifacio Lupi (daher der Name) gegründeten Hospitals. Einem in Santa Maria Novella vorgeprägten Modell entspricht der Bogengang, ein Rest der Anlage, die ursprünglich die beiden, an den äußersten Enden stehenden Kirchen San Luca und San Giovanni Battista miteinander verband.
LITERATUR: Lucarella 1985

176

Ex-Ospedale di San Matteo (Akademie der Schönen Künste)

Ab 1781

Stadtviertel San Giovanni, Via Ricasoli 66

Den ursprünglichen Kern dieses Komplexes von Sammlungen und pädagogischen Einrichtungen bildet die aus dem Trecento stammende Loggia di San Matteo, die geschlossen umgebaut und dann zum Sitz der Kunstakademie wurde. Nach der Abschaffung der religiösen Einrichtungen und dem Aufkauf neuer Sammlungen wurden die ehemaligen Hospitäler San Matteo und San Niccolò dem Gebäudekomplex einverleibt. 1935 wurde die Loggia wieder geöffnet.

LITERATUR: Mignani Galli 1979; Cresti 1987, S. 133ff.

177

Parco delle Cascine

Um 1780-1850

Stadtviertel Santa Maria Novella, Piazza Vittorio Veneto

Der große Park (er umfaßt etwa 118 Hektar) entstand aus der fortschreitenden Zusammenlegung von Bauernhöfen (»cascine«) in großherzoglichem Besitz. Die ursprüngliche Fläche hatte eine dreieckige Form zwischen dem Arno und der Stadtmauer der Porta al Prato. Die Verwandlung in einen öffentlichen Park begann während der Regierungszeit des Herzogs Peter Leopold und wurde während der gesamten Lothringer-Herrschaft fortgesetzt.

LITERATUR: Cresti 1987, S. 181ff.

178

Palazzina Reale alle Cascine

1787

Giuseppe Manetti

Stadtviertel Santa Maria Novella, Parco delle Cascine

Dies war das Hauptgebäude des großherzoglichen Gutshofes, das in den neuen öffentlichen Park integriert wurde. Der mit Präzision im Detail ausgeführte kleine Palast folgt dem Vorbild der architektonischen »semplicitas«. Der horizontalen Anlage der Fassade wird mit einer Portikus-Sequenz aus länglichen Bögen und durchbrochenen Zwischenflächen entgegengewirkt.

LITERATUR: Cresti 1987, S. 181ff.; Lorenzi 1989, S. 258ff.

179

Kaffeehaus im Boboli-Garten
1775-76
Zanobi del Rosso
Oltrarno, Giardino di Boboli
Das Gebäude, eine Art architektonisches Capriccio, wurde an einer Stelle mit weitem Panorama über die gesamte Parkanlage errichtet, die mittlerweile ihre endgültige Gestalt und Größe angenommen hatte. In scheinbarer Einfachheit besteht der Baukörper zum Hügel hin aus geradlinigen Elementen und weist zum Tal hin eine konvexe Linienführung auf; eine flache Kuppel mit orientalisierenden Elementen schließt das Gebäude ab.
LITERATUR: Cresti 1987, S. 145ff.

180

Galleria Palatina im Palazzo Pitti
17. - 19. Jahrhundert
Oltrarno, Piazza Pitti
Die Galerie des Nordflügels (auch genannt »Quadreria di palazzo«) wurde 1828 für das Publikum geöffnet, nachdem dort seit dem 17. Jahrhundert ein beträchtlicher Teil der Sammlungen der Medici und der Lothringer zusammengetragen worden war. Mit Leopold II. begann nach 1854 die Umgestaltung der großherzoglichen Wohnbereiche im Südflügel im Stil des zweiten Empire.
LITERATUR: Chiarini-Padovani 1993

181

Giardino Torrigiani
1815-21
Luigi De Cambray Digny und Gaetano Baccani
Oltrarno, Piazza Torquato Tasso
Eine für die mit Stil und Kultur der Romantik verknüpfte Zeit charakteristische Anlage. In den englischen Garten (einer der größten der Stadt) wurden Beispiele neogotischer Architektur gesetzt, von denen der große steinerne Turm erhalten geblieben ist. Anfangs war er als Sternwarte geplant, wurde dann aber Teil der pittoresken Anlage.
LITERATUR: Cresti 1987, S. 202ff.

182

Palazzo Borghese

1821-22

Gaetano Baccani

Stadtviertel Santa Croce, Via Ghibellina 110

Der kleine klassizistische Palast wurde auf Veranlassung des Fürsten Borghese, des ehemaligen Gemahls von Pauline Bonaparte, nach seinem Umzug nach Florenz gebaut: Gold und Stuck, Säulen und Spiegel im Innern ließen ihn zum Treffpunkt des florentinischen Adels während des 19. Jahrhunderts werden. Bis auf das Atrium und die Treppe ist wenig von dem im 17. Jahrhundert von Gherardo Silvani entworfenen Gebäude erhalten geblieben.

LITERATUR: Ginori Lisci 1972, S. 84ff.

183

Villa Favard

1857

Giuseppe Poggi

Stadtviertel Santa Maria Novella, Via Curtatone

Die Villa ist eines der letzten Beispiele des florentinischen Klassizismus. An der Fassade zum Arno hin, insbesondere in der doppelten Säulenordnung, erkennt man Motive des Cinquecento, die über den englischen Neo-Palladianismus den florentinischen Baustil beeinflußten. Heute hat die Fakultät der Wirtschaftswissenschaften hier ihren Sitz.

LITERATUR: Borsi 1970, S. 53ff.; Bucci-Bencini 1973/b, S. 119ff.

184

Palazzo Calcagnini

1857

Giuseppe Poggi

Stadtviertel Santa Maria Novella, Lungarno Vespucci

Das am eleganten Faubourg von Ognissanti gelegene Gebäude greift Motive (wie zum Beispiel die großen Bogenfenster) auf, die denen der zeitgleich entstehenden Villa Favard ähnlich sind, aber weniger plastische Wirkung haben. An der Fassade, unter den beiden von leichten Pilastern gegliederten Geschossen befindet sich ein Sockel aus Bossenwerk, dessen Steinblöcke eine perfekte Form aufweisen.

LITERATUR: Borsi 1970, S. 62ff.

185
Palazzo della Borsa
1858-60
Michelangelo Majorfi und Emilio De Fabris
Stadtviertel Santa Croce, Lungarno Diaz
Als Teil der Arno-Uferstraße nimmt das Gebäude den Platz des aus dem 14. Jahrhundert stam-

menden Gebäudes des »Tiratoio« ein. Der Eingang in der Mitte wird durch ein Tympanon und die dorische Kolonnade betont. In ihrer würdevollen Einfachheit offenbart die Fassade ein Anpassungsvermögen an neue Gebrauchsfunktionen, das typisch für die klassizistische Formensprache ist.
LITERATUR: Palazzi fiorentini 1972, S. 247ff.

186
Teatro Comunale
1792-1862
Telemaco Bonaiuti und andere
Stadtviertel Santa Maria Novella, Via Magenta
Entstanden als »Teatro degli Intrepidi in borgo Ognissanti«, erfuhr das Gebäude verschiedene Umbauten und Namensänderungen (Teatro Arena, Teatro Politeama). Nach einer radikalen Erneuerung um 1960 umfaßt das Gebäude 2000 Sitzplätze. Mit ihrer Loggia über dem Rustika-Sockel zeigt die Fassade das klassizistische Aussehen aus der Zeit der Lothringer-Herrschaft.
LITERATUR: Cresti 1987, S. 136ff.; Toscana dei Lorena 1991, S. 178

187
Piazza Indipendenza
Nach 1850
Stadtviertel Santa Maria Novella
Der im Zentrum des neuen Wohnviertels Barbano gelegene Platz stellt einen der wichtigsten städtebaulichen Eingriffe in der letzten Phase der Lothringer-Herrschaft dar. Er war ursprünglich der Prinzessin Maria Antonia gewidmet und erhielt anläßlich des Anschlusses an das Königreich Italien einen neuen Namen. Der schöne Park in der Mitte des Platzes wurde während der 1869 begonnenen Umgestaltung geschaffen.
LITERATUR: Fanelli 1973, S. 182ff.

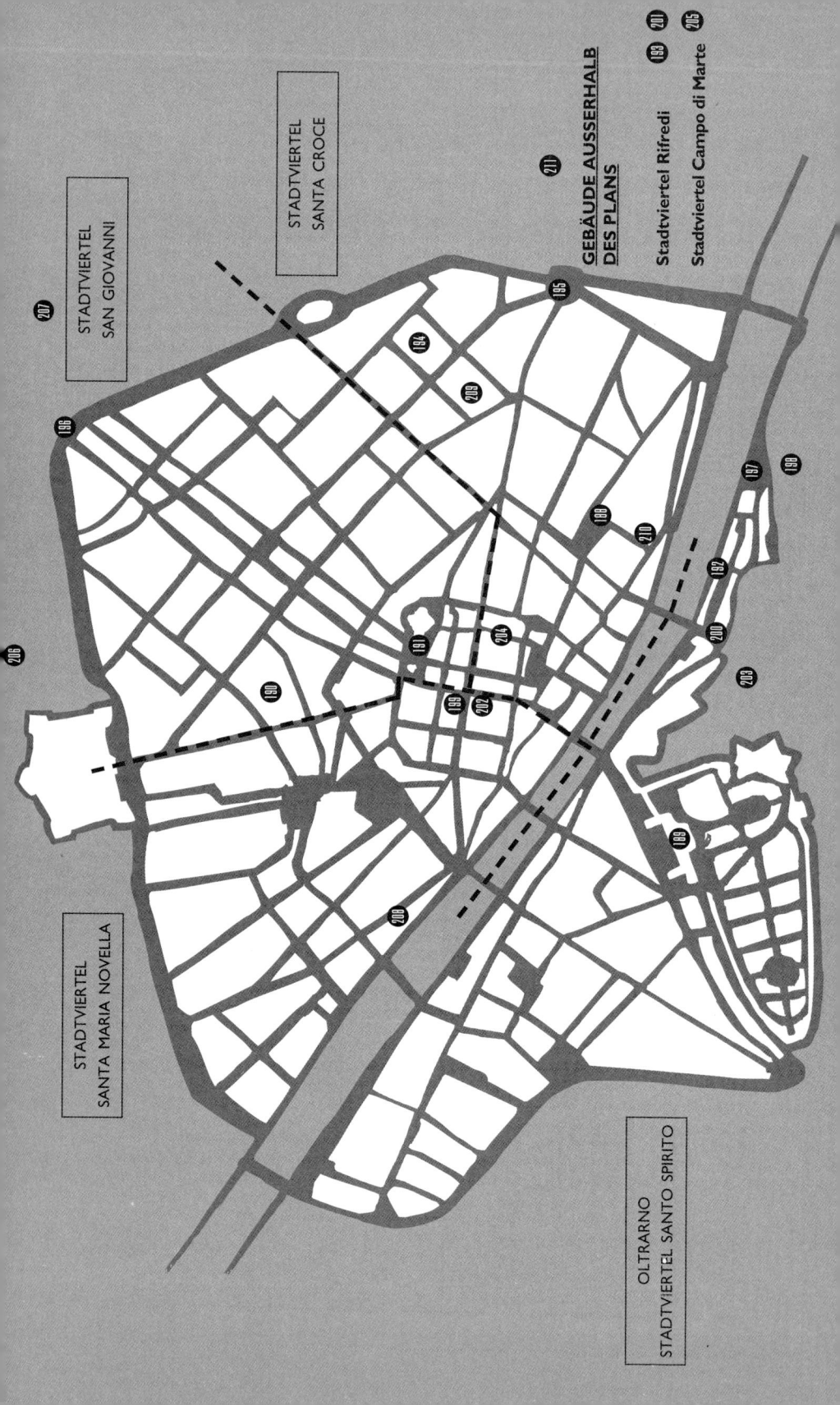

STADTVIERTEL
SAN GIOVANNI

STADTVIERTEL
SANTA CROCE

STADTVIERTEL
SANTA MARIA NOVELLA

OLTRARNO
STADTVIERTEL SANTO SPIRITO

**GEBÄUDE AUSSERHALB
DES PLANS**

Stadtviertel Rifredi

Stadtviertel Campo di Marte

Florenz zwischen dem 19. und 20. Jahrhundert

Obwohl Florenz nur kurz, von 1865-1870, Hauptstadt Italiens war, hatte diese Phase unauslöschliche Wirkungen auf die Anlage der alten Stadt. Der Ingenieur Giuseppe Poggi ist der Protagonist der großen Bauvorhaben dieser Zeit, deren Realisierung sich bis nach 1870 hinzog. Die Planung betraf vor allem die Randgebiete der Stadt, ein Alleenring und eine ganze Reihe von Plätzen anstelle der geschleiften Stadtmauern wurden neu angelegt. Gleichzeitig riß man im Zentrum das Gebiet um den Alten Markt ab. Auf den Trümmern entstand am Ende des 19. Jahrhunderts um den Vittorio Emanuele II. gewidmeten Platz ein neues Verwaltungs- und Handelszentrum.

Die alles andere als provinziell wirkende Großzügigkeit dieser Bauvorhaben und die Weite der Anlagen sind auf die Präsenz und den Einfluß internationaler Gruppen in der Stadt, besonders der englischen Gemeinde, zurückzuführen. Zeugnis für den Einfluß dieser Gruppen sind die den unterschiedlichen Konfessionen gewidmeten Gotteshäuser, die im letzten Viertel des Jahrhunderts errichtet wurden. Mit diesem internationalen Klima verbunden war auch die Vorliebe für antiquarischen Kitsch und stilistisches Revival. Der neoromanische Stil entstand jedoch aus lokalen Strömungen. Der »Dantismus« und die Bezugnahme auf die glorreiche Zeit des 13. und 14. Jahrhunderts waren in vielen Fällen Beweggrund für detailgetreue Rekonstruktionen im alten Stil.

In den Jahrzehnten vor dem Ersten Weltkrieg bildete sich eine florentinische Version des Jugendstils heraus. Der wichtigste Vertreter dieser weder banalen oder nachäffenden Version der Stiltendenz der Jahrhundertwende war Giovanni Michelazzi.

188

Fassade der Chiesa di Santa Croce
1857-63
Nicola Matas
Stadtviertel Santa Croce, Piazza Santa Croce
Die von Matas zwischen 1837 und 1857 entworfenen Modelle boten verschiedene Lösungen
für die Fassadengestaltung (vgl. Nr. 35). Man
entschied sich schließlich für einen Entwurf
mit drei Giebeln, der in gemäßigter Form an
mittelalterlichen Tendenzen orientiert ist und auf
die florentinische Tradition der polychromen Gestaltung zurückgreift. Größere Nähe zu Arnolfos Ideen zeigt der nach dem Entwurf von Baccani 1865 vollendete Campanile.
LITERATUR: Busignani-Bencini 1982, S. 23ff.

189

Königliche Wohnräume im Palazzo Pitti
18. und 19. Jahrhundert
Oltrarno, Piazza Pitti
Die Savoyer schließen die unter den Lothringern
begonnenen Dekorationsarbeiten ab. Draperien,
Spiegel und Vergoldungen geben den Wohn-
räumen des Südflügels die Atmosphäre eines
großen Königspalastes (vgl. Nr. 180). Seit 1919
wird im gesamten Gebäude ein Museum eingerichtet. Galerien und königliche Wohnräume
reihen sich so aneinander, daß die Entwicklung
der Dekorationsformen ablesbar ist.
LITERATUR: Chiarini-Padovani 1993

190

Überdachter Markt von San Lorenzo
1869-74
Giuseppe Mengoni
Stadtviertel San Giovanni, Via
dell'Ariento
Der Architekt der Galleria von Mailand beweist
hier seine Fähigkeit, eine traditionelle Formensprache mit avantgardistischen Techniken
und Materialien zu koppeln. Der Bau aus Eisen
und Glas erhebt sich über einem gemauerten
Sockel, der nach klassischen Vorbildern gestaltet ist und Motive aus verschiedenen Ländern
wiederaufnimmt.
LITERATUR: Capellini-Cardini 1992, S.193

191

Fassade der Chiesa di Santa Maria del Fiore

1876-87

Emilio De Fabris und Luigi Del Moro

Stadtviertel San Giovanni, Piazza San Giovanni

Nach einem ersten (1859) und einem zweiten Wettbewerb (1865), die beide ohne Ergebnis blieben, entschied man sich 1867 für den neogotischen Entwurf von De Fabris, der stilistisch an Giottos Campanile anknüpft (vgl. Nr. 36, 37). Anstatt der dreigiebeligen, an Santa Croce orientierten Bekrönung wurde schließlich eine von Luigi Del Moro vorgeschlagene basilikale Lösung gewählt.

LITERATUR: Cresti-Cozzi-Carapelli 1987; Poggi 1988

192

Palazzo Serristori

1873

Mariano Falcini

Oltrarno, Lungarno Serristori

Die im 19. Jahrhundert vorgenommene Neugestaltung wurde im Zusammenhang mit der Öffnung des Lungarno (Arno-Uferstraße 1869) vorgenommen. Hinter der würdevollen Fassade mit hohem Rustika-Sockel öffnet sich das Atrium, das seine ursprüngliche Cinquecento-Form bewahrte. Im letzten Viertel des Jahrhunderts werden die Innenräume vollständig im Stil des 18. Jahrhunderts unter Verwendung von Gold, Stuck und Spiegeln rekonstruiert.

LITERATUR: Bucci-Bencini 1973/c, S. 75ff.

193

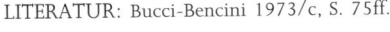

Gewächshaus »Tepidarium«

1879-80

Giacomo Roster

Stadtviertel Rifredi, Via Bolognese, Ecke Via XX Settembre

Dieses brillante Beispiel einer Eisen- und Glasarchitektur wurde innerhalb des Giardino del Pellegrino anläßlich der ersten Nationalen Gartenbau-Ausstellung errichtet. Der mit vorgefertigten Bögen, Pfeilern und Balken ausgeführte Bau weist Ähnlichkeiten zu zahlreichen zeitgenössischen Beispielen außerhalb Italiens auf - so etwa zum großen Treibhaus von Kew Gardens in London.

LITERATUR: Gobbi 1987, S. 67

194

Piazza d'Azeglio
1862-66
Stadtviertel Santa Croce

Auch wenn man diesen Platz gestaltete, bevor Florenz Hauptstadt wurde, erweist er sich als der am deutlichsten piemontesische Platz des 19. Jahrhunderts. Er wirkt wie ein Pendant zu der im Ostteil der Stadt gelegenen Piazza Indipendenza. Die gesamte Anlage um den rechteckigen Platz ist durch die »Società anonima edificatrice« zum Teil auf Grundstücken der Villa Ginori errichtet worden.
LITERATUR: Fanelli 1980, S. 208ff.

195

Piazza Beccaria
1865-77
Giuseppe Poggi und Giacomo Roster
Stadtviertel Santa Croce

Dies ist der erste an dem neuen Alleenring gebaute Platz. Um die isoliert stehende Porta Santa Croce wurde eine einheitliche Anlage entworfen, die sich kranzförmig um den neuen städtischen Raum schließt. Der Bau des Stadttores von Poggi, mit Rustika-Sockel und Pilastern in Kolossalordnung, ist in einem klassizistischen Stil gehalten, den wir auch an anderen Stellen vorfinden.
LITERATUR: Borsi 1970, S. 73ff.; Manetti-Morolli 1989, S. 102ff.

196

Piazza Cavour (heute Piazza Libertà)
1865-73
Giuseppe Poggi und Giacomo Roster
Stadtviertel San Giovanni

Die vier großen Seitenblöcke sind einheitlich, in »toskanischem Stil« gehalten, auf den insbesondere der durchgehende Bogengang verweist. Der durch diese Blöcke begrenzte Platz ist weiträumiger angelegt als sonst üblich. Um das isoliert stehende Tor (vgl. Nr. 28) blieb viel Platz, den Poggi mit einem ovalen Park und Wasserbecken in der Mitte ausfüllte.
LITERATUR: Manetti-Morolli 1989, S. 93

197

Piazza della Mulina (heute Piazza Poggi)

1865-76

Giuseppe Poggi und N. Frosali

Oltrarno, Lungarno Cellini

Die Gestaltung des Platzes um das isolierte Stadttor (vgl. Nr. 42) wird zusätzlich durch den im hinteren Abschnitt ansteigenden Hang bedingt. Der Platz sollte ursprünglich symmetrisch angelegt und von vier Bauwerken mit einer starken Bossenwerk-Fassade umgeben sein. Über die beiden realisierten Gebäude steigt man zu den monumentalen Rampen, die den Aufgang zur Piazzale Michelangelo erlauben.

LITERATUR: Manetti-Morolli 1989, S. 94

198

Viale dei Colli und Piazzale Michelangelo

1871-76

Giuseppe Poggi

Oltrarno, Viale Galileo und Viale Machiavelli

Auf den Hügeln von Oltrarno, zwischen der Porta Romana und der Porta San Niccolò, vollendete Poggi die Gestaltung des neuen Stadtringes mit einer malerischen Alleen-Folge. Der zwischen dem Berg San Miniato und der Arno-Uferstraße gelegene Platz bietet ein weites Panorama und entspricht damit ganz den Idealen der Platzgestaltung im 19. Jahrhundert. Der Platz ist Michelangelo geweiht und zeigt Kopien von berühmten Werken.

LITERATUR: Borsi 1970, S. 84ff.; Manetti-Morolli 1989, S. 49ff. und S. 108ff.

199

Piazza della Repubblica

1883-96

Vincenzo Micheli und andere

Stadtviertel Santa Maria Novella und Stadtviertel Santa Croce

Nach dem Beschluß von 1866 erstreckte sich der Eingriff zum Abriß und Neuaufbau auf eine große Fläche, die sich mit dem Zentrum des römischen »Castrum«, dem Forum, sowie dem Areal des Alten Marktes und des Ghettos deckte. An den Außenseiten des Platzes, die stilistisch homogen, aber nicht gleichförmig gestaltet sind, springt der große Triumphbogen ins Auge, der in einer Achse mit der Via Strozzi liegt.

LITERATUR: Fei 1977

200

Palazzo und Museo Bardini
Um 1890-1910
Stefano Bardini
Oltrarno, Piazza de'Mozzi

Die Einrichtung wurde 1923 mit der Übernahme des Nachlasses von Stefano Bardini, einem Antiquar und Sammler, gegründet. In dem würdevollen klassizistischen Palast sind Wandteppiche, Porzellan, Gemälde, Skulpturen und Fundstücke von der Antike bis zum 18. Jahrhundert ausgestellt. Viele Stücke stammen aus abgerissenen Gebäuden, so etwa die beiden in die Fassade eingemauerten Altäre.
LITERATUR: Scalia-De Benedictis 1984

201

Villa Stibbert
1880-88
Gaetano Fortini
Stadtviertel Rifredi, Via Stibbert 26

Die Umgestaltung von Villa und Park, die ursprünglich der Familie Davanzati gehörten, durch den reichen englischen Sammler Frederick Stibbert weist die unterschiedlichsten Stilzitate auf. Auf kleinem Raum ist ein großes Kitsch-Repertoire von neogotischen Türmen bis zur Fassade im Neorenaissancestil, vom neo-ägyptischen Tempel bis zur palladianischen Rotonda versammelt.
LITERATUR: Russel Robinson 1973

202

Palazzo dell'Arte della Lana
14. Jahrhundert, Neubau 1905
Enrico Lusini
Stadtviertel Santa Croce, Via di Calimala, Ecke Via dell'Arte della Lana

Dies ist das schönste Beipiel für den spätromantischen Umbau einer Architektur des 14. Jahrhunderts. Das Gebäude, genannt der »Torrione« und ursprünglich im Besitz der Familie Campiobbesi, wurde von der Società Dantesca erworben und radikal verändert, unter anderem unter Verwendung von Stücken aus anderen Bauwerken, wie dem Eck-Tabernakel. Original dagegen ist die Fassade zur Via Calimala.
LITERATUR: Orefice 1986, S. 113ff.

203

Villa Bardini (oder Torre del Gallo)
Um 1900
Stefano Bardini
Oltrarno, Via della Costa San Giorgio 2-6
Den großen Park eingeschlossen, reicht der Besitz bis zum Fuß des Hügels und verschmilzt nahezu materiell mit dem Palazzo Bardini. Die neugotische Villa ist ein Anhängsel des Palastes und seiner Sammlungen. In einer malerischen Umgebung, jedoch ganz aus antiquarischem Geschmack entstanden, zeigt die Villa ein breites Repertoire von Fragmenten verschiedener Architekturstile.
LITERATUR: Lensi Orlandi 1955, S. 149ff.

204

Case Alighieri
1875-1910
Giuseppe Castellucci und andere
Stadtviertel Santa Croce, Via Santa Margherita, Ecke Via Alighieri
Die Entstehung des Baus ist eng mit dem »Dantismus«, mit jener spätromantischen Neigung verbunden, Orte zu entdecken oder zu erfinden, die mit dem Leben des Dichters verknüpft sein sollten. Hier bietet das mutmaßliche Geburtshaus des Dichters Anlaß dafür, einen typischen Duecento-Rahmen für das Wohnhaus-Museum und die Sammlung von Erinnerungsstücken aus Dantes Zeit zu schaffen.
LITERATUR: Maffei 1990, S. 110ff.

205

Chiesa dei Sette Santi Fondatori
1901-10
Luigi Caldini
Stadtviertel Campo di Marte, Viale dei Mille
Obwohl die Kirche auf einem Grundriß traditioneller Art basiert, stellt sie eine der bedeutendsten Manifestationen der florentinischen Neogotik dar. Die Bezugnahme auf das Mittelalter erscheint hier in »unreinen« Formen, nicht unähnlich zeitgenössischen Kirchenbauten der israelitischen und der griechisch-orthodoxen Gemeinde.
LITERATUR: Cresti 1970 und 1978

206

Russisch-orthodoxe Kirche

1899-1903

Michail Preobragenski und andere

Stadtviertel Rifredi, Viale Milton, Ecke
Via Leone X

Zusammen mit den anglikanischen und bischöf-
lichen Gotteshäusern ist dieses dem orthodoxen
Kult geweihte Gebäude Ausdruck eines kosmo-
politischen Florenz. Der Entwurf, für den man ri-
goros traditionelle Modelle übernahm, wurde in
Rußland ausgearbeitet, dann jedoch florentinischen Architekten und Handwerkern anvertraut,
die in einigen Details die russisch-byzantini-
sche Ikonographie auf ihre Weise interpretieren.
LITERATUR: Gobbi 1987, S. 70

207

Casa-studio Carnielo

1911-12

Rinaldo Carnielo?

Stadtviertel Campo di Marte, Piazza
Savonarola 14

Das Gebäude ist heute Sitz einer Stiftung, die dem
Bildhauer Rinaldo Carnielo gewidmet ist, der hier
arbeitete, lebte und mit aller Wahrscheinlichkeit
die ungewöhnliche Fassade entwarf. Sie gilt als
typisches Beispiel des florentinischen Jugendstils,
doch zeigt andererseits auch Einflüsse der Wie-
ner Sezession. Eine stilistische Einordnung scheint
schwer, denn der Bau ist von den Launen eines
originellen Künstlers bestimmt.
LITERATUR: Bossaglia 1987, S. 296ff.

208

Casa-galleria Vichi

1911

Giovanni Michelazzi

Stadtviertel Santa Maria Novella, Borgo
Ognissanti 26

Vielleicht ist dies das bedeutendste Werk des florentinischen Jugendstils, obwohl der enge Bau-
platz die Freiheit der Ausführung beschränkte.
Die Verwendung von geschwungenen Baugliedern und die Fähigkeit, sie mit einigen bizarren
Dekorationselementen zu verbinden, erweitern
und bereichern die Fassade und verleihen den
beiden vertikalen Teilen (Galerie und Wohn-
bereich) eine organische Einheit.
LITERATUR: Cresti 1970; Bosaglia 1987, S. 294ff.

209
Tempio Israelitico
1874-82
Vincenzo Micheli
Stadtviertel Santa Croce, Via Farini 4
Hier wie auch anderswo in Italien in der Zeit nach der Einheit sind es die jüdischen Gemeinden, die, basierend auf dem offiziell verkündeten Klima der Toleranz, Bauunternehmungen initiierten. Im Unterschied zu Turin und Rom suchte man neben dem gewohnten orientalisierenden (maurischen, byzantinischen, ägyptischen) Repertoire von Bauformen mit der zweifarbigen Marmor-Verkleidung eine Verbindung zur lokalen Tradition.
LITERATUR: Capellini-Cardini 1992, S. 152

210
Sitz der Biblioteca nazionale centrale
1911-35
Cesare Bazzani
Stadtviertel Santa Croce, Piazza Cavalleggeri
Die Bibliothek wurde zu der Zeit eingerichtet, als Florenz Hauptstadt Italiens war, und wurde auch nach der Verlegung des Regierungssitzes in Florenz belassen. Das gegenwärtige Gebäude umschließt einen Teil des Klosters Santa Croce. Der nach einem nationalen Wettbewerb (1902) ermittelte Entwurf für dieses Gebäude zeichnet sich durch seine originelle und ausgefeilte Ziegelstein-Fassade aus.
LITERATUR: Gobbi 1987, S. 77; Balzanetti Steiner 1989, S. 68ff.

211
Villino Broggi
1910-11
Giovanni Michelazzi
Stadtviertel Campo di Marte, Via Scipione Ammirato 99
Michelazzi konnte seine Begabung als plastischer Gestalter an diesem Baukörper beweisen, während er sonst häufig nur die Gestaltung flächiger Bauten zu lösen hatte. So entstand eine ungewöhnliche kompositorische Kohärenz zwischen dem Äußeren des Baus und dem um eine spiralförmige Treppe herum angelegten Innenraum. Die bis heute erhalten gebliebene Ausstattung und Dekoration vervollständigen das Bild.
LITERATUR: Bossaglia 1987, S. 293ff.

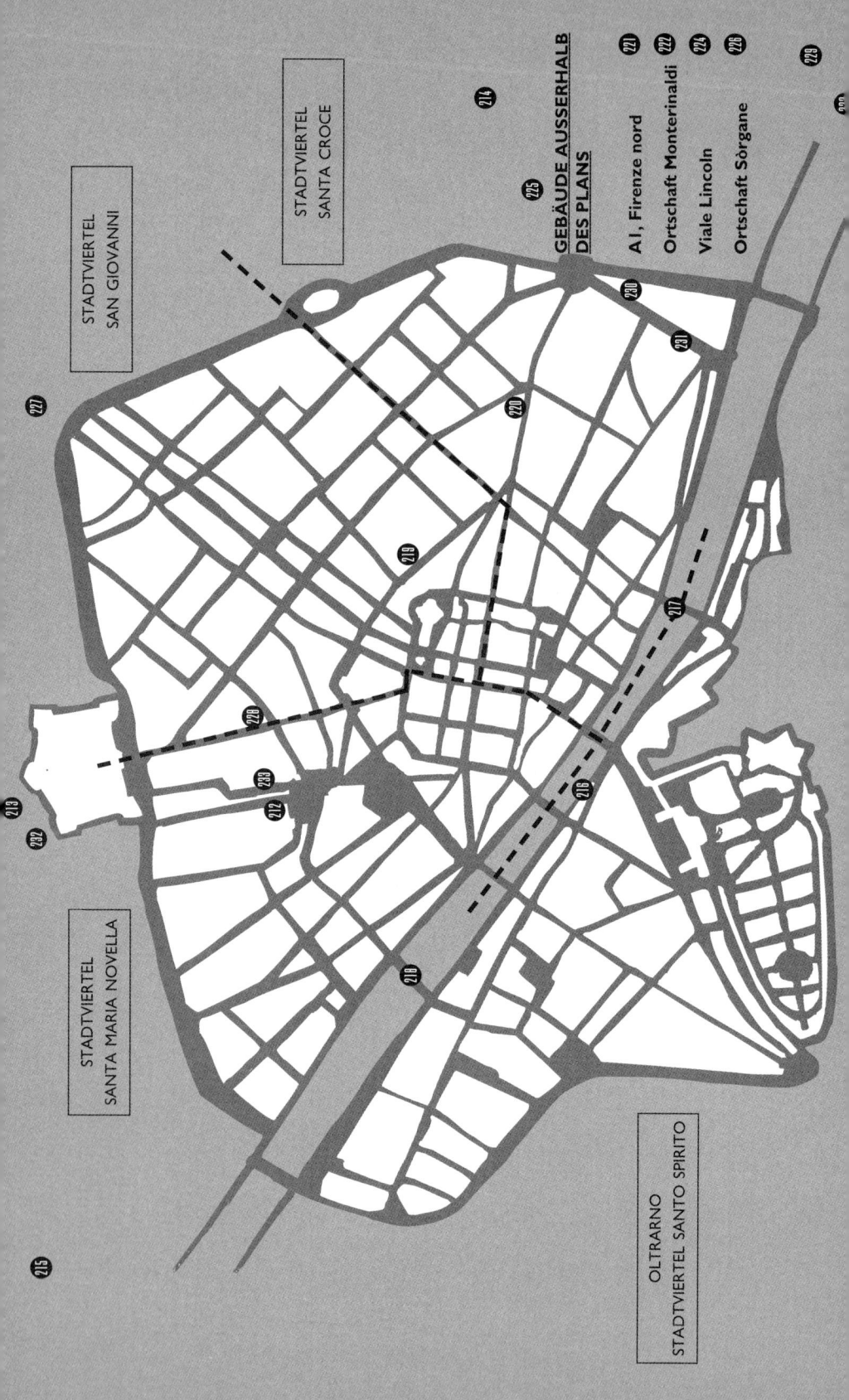

STADTVIERTEL
SAN GIOVANNI

STADTVIERTEL
SANTA CROCE

STADTVIERTEL
SANTA MARIA NOVELLA

OLTRARNO
STADTVIERTEL SANTO SPIRITO

GEBÄUDE AUSSERHALB DES PLANS

- **221** A1, Firenze nord
- **222** Ortschaft Monterinaldi
- **224** Viale Lincoln
- **226** Ortschaft Sòrgane

Florenz
und die moderne Architektur

Das Gewicht der langen Tradition florentinischer Architektur hinderte einige junge Architekten nicht daran, sich an den radikalsten modernen Tendenzen zu orientieren. Das Stadion und der Bahnhof gehören zu den bedeutendsten italienischen Bauten aus dieser Zeit. Sie weisen ein intellektuelles Engagement auf, das vielleicht mit dem literarischen Klima in Florenz zwischen den beiden Weltkriegen in Beziehung zu setzen ist. Während das Stadion von Nervi für sich allein steht, weist der Bahnhof, das Werk von jungen Architekten, die erst zu »Meistern« werden sollten, Verbindungen zur Tradition auf; dies betrifft allerdings lediglich eine Kontinuität der Materialien, nicht der Formen. Der Bau ist Giovanni Michelucci eher als Italo Gamberini zuzuschreiben, um die beiden herausragendsten Namen aus der sogenannten »toskanischen Gruppe« zu nennen. Die folgende Generation, die nach dem Zweiten Weltkrieg tätig wurde (unter ihnen Detti, Ricci, Savioli), sollte sich an Bauaufgaben auf unterschiedlichsten Ebenen versuchen, die oft durch die Auseinandersetzung mit dem Bestehenden vorbestimmt waren. Man war abhängig von den Bedingungen der Umgebung wie im Fall von Monterinaldi, hatte sich aber insbesondere mit dem überwältigenden historisch-künstlerischen Erbe auseinanderzusetzen. In Florenz stand die Beziehung der Stadt zu ihrem Fluß im Vordergrund aller architektonischen Planungen, die Brücke war das immer wiederkehrende Thema der Architektur, wobei häufig alte Bauten rekonstruiert werden mußten. Unter den Augen der wachsamen öffentlichen Kritik kam es beim Brückenbau und Wiederaufbau zu einer weiten Skala von Lösungen, von der detailgetreuen Rekonstruktion bis hin zu visionären strukturellen Fortentwicklungen (»performances«) des Ponte Vespucci und Ponte all'Indiano.

212

Bahnhofsgebäude Santa Maria Novella
1932-34
Italo Gamberini, Giovanni Michelucci und andere
Stadtviertel Santa Maria Novella, Piazza della Stazione

Das Gebäude ist ein Symbol für das Florenz der dreißiger Jahre und gleichzeitig eines der auch auf internationaler Ebene bedeutendsten Werke der neuen Architektur. Nach dem Wettbewerb von 1932 wurde der Auftrag nicht ohne polemische Kommentare den Jungen aus der sogenannten »toskanischen Gruppe« übergeben: Unter ihnen Gamberini, der für sein Examen bereits eine Art Vorgängerprojekt umgesetzt hatte. Die schwierige Auseinandersetzung mit dem bestehenden Bau aus der Zeit der Gotik wurde durch die Wahl der Steinverkleidung, vor allem aber mit einer elementaren Formensprache aufgefangen, die in der Aneinanderreihung großer Bauvolumen bestand. Die funktionale Organisation zeigt sich in perfekter Harmonie mit dem umgebenden Straßensystem, und auch die Ordnung der auf unterschiedlichem Niveau befindlichen Zugänge ist ideal gelöst. Im Innern verläuft die Bahnhofshalle im rechten Winkel zu den Gleisen und bildet den Dreh- und Angelpunkt des gesamten Komplexes. In diesem Raum, der durch die großen Verglasungen im Dach hervorgehoben wird, sind alle Einrichtungen für den Publikumsverkehr zusammengefaßt.
LITERATUR: Koenig 1968, S. 19ff.; Cresti 1986, S. 273ff.; Bandini 1987

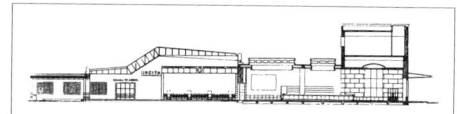

213

Eisenbahngebäude
1929-34
Angiolo Mazzoni
Stadtviertel Rifredi, Via delle Ghiacciaie 2 und Via Cittadella 40

Die Infrastrukturen für den Bau des Fahrgastgebäudes werden ab 1929 realisiert. Zuerst entstand das Postgebäude in der Via Alamanni, dann die stark gegliederten Baukörper der Heizzentrale, die die »konstruktivistischen« Tendenzen im Werk Mazzonis offenbaren. 1834 kam schließlich das Gebäude für den Wartungsdienst hinzu.
LITERATUR: Mazzoni 1984; Cresti 1986, S. 272ff.

214

Stadio comunale

1929-32

Stadtviertel Campo di Marte, Viale Manfredo Fanti 4/4

Der vollständig in Sichtbeton ausgeführte Bau entstand auf dem ehemaligen »Marsfeld« und war für Fußball- ebenso wie für Leichtathletikveranstaltungen gedacht. Das Stadion wurde nach einem Ausschreibungs-Wettbewerb, bei dem Nervi als Bauunternehmer auftrat, in zwei Bauphasen errichtet. Die notwendig gewordenen Einsparungen bei den Baukosten bestimmen das Innere: in gleichmäßige Abschnitte unterteilte Stufenränge und eine regelmäßige Folge von Zementstützen, auf denen die Tribüne ruht. Aus diesem eher gleichförmigen Bau stechen einige »architektonische« Ausnahmen hervor: die Überdachung aus vierundzwanzig großen Konsolen aus Armierbeton und der äußerst schlanke, siebzig Meter hohe »Marathon-Turm« für die Beflaggung, um dessen Basis sich eine spiralförmige Rampe windet, die das Parterre mit dem oberen Rang der Tribüne verbindet. Das Stadion wurde unter anderem im Hinblick auf die Fußballweltmeisterschaft von 1934 errichtet und später - anläßlich derselben von 1990 - weitgehend umgebaut.

LITERATUR: Koenig 1968, S. 17ff.; Desideri-Nervi-Positano 1979, S. 15

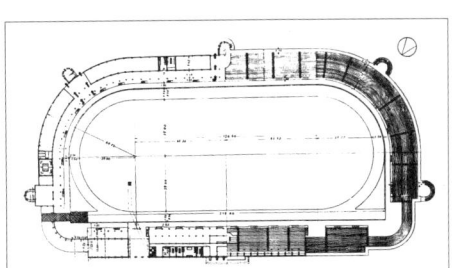

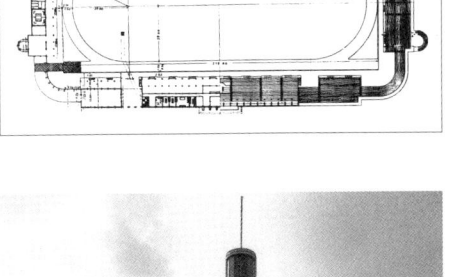

215

Cinema-Teatro Puccini

1939-40

Ufficio tecnico dei Monopoli di stato

Stadtviertel Rifredi, Piazza Puccini

Ursprünglich war das Gebäude als Freizeiteinrichtung für Arbeiter der Tabakfabrik gedacht. Bei aller Einfachheit der Konzeption ist es eines der beeindruckendsten Zeugnisse der Freizeit-Architektur in faschistischer Zeit. Die vorwiegend horizontal angelegte Komposition erhält vertikalen Schwung durch den verglasten Turm, der das Treppenhaus aufnimmt.

LITERATUR: Capellini-Cardini 1992, S. 222

216

Häuser am Arno in der Nähe des Ponte Vecchio
Ab 1950
Italo Gamberini und städtische Bauämter
Oltrarno, Borgo San Jacopo und Via de'Bardi
Die Ausschreibungen zur Wiederherstellung der durch den Krieg zerstörten Bauten führten zu Diskussionen zwischen den Traditionalisten und den Erneuerern unter den Architekten. Die Bauten am Südufer des Arno sind ein Kompromiß zwischen »moderner« Formensprache (Fassaden) und traditionellem Aufbau.
LITERATUR: Capellini-Cardini 1992, S. 226ff.

217

Ponte alle Grazie
1946-53
Giovanni Michelucci, Edoardo Detti und andere
Zwischen Lungarno delle Grazie und Lungarno Serristori
Sie ist eine der drei historischen, bereits vor dem 13. Jahrhundert entstandenen und im August 1944 zerstörten Brücken. Wie der Ponte alla Carraia wird diese Brücke 1946 Gegenstand eines Ideen-Wettbewerbs. An der Realisierung des Siegerprojektes mit vier hohen und dünnen Pfeilern arbeitet Riccardo Gizdulich mit, der auch für den Wiederaufbau der Brücke bei Santa Trinità verantwortlich war.
LITERATUR: Koenig 1968, S. 65ff.

218

Ponte Vespucci
1954-57
Riccardo Morandi und andere
Zwischen Lungarno Vespucci und Lungarno Soderini
Es handelt sich in diesem Fall nicht um eine Rekonstruktion, sondern um eine neu erbaute Brücke. Wie auch in anderen Gebäuden Morandis wurde eine möglichst große Leichtigkeit in der Wirkung des Aufbaus angestrebt, die durch die Verdünnung des Stützbogens erreicht wurde, der die Fahrbahn trägt. So entstand schließlich der Eindruck einer einzigen, nur leicht gekrümmten Bogenweite.
LITERATUR: Koenig 1968, S. 67ff.

219

Hauptsitz der Cassa di Risparmio
1953-57
Giovanni Michelucci
Stadtviertel San Giovanni, Via Bufalini 6
Das Gebäude besteht aus zwei nebeneinander gesetzten und gegeneinander verschobenen, rechteckigen Baukörpern. Der einfachere Bau entspricht dem Büro-Block, in dem komplexeren ist
die Schalterhalle untergebracht, die von einer
Reihe von Gewölben gedeckt ist, die im rechten Winkel auf die Fassade stoßen. Die beiden
Baukörper bilden an der Vorder- und Rückseite des Gesamtkomplexes zwei sich vollkommen voneinander unterscheidende Ansichten.
LITERATUR: Belluzzi-Conforti 1985, S. 119ff.

220

**Sitz der Direzione provinciale delle
Poste e Telegrafi**
1959-67
Giovanni Michelucci
Stadtviertel Santa Croce, Via Pietrapiana
53-55
Das Gebäude ist in U-Form um auf zwei Ebenen verlaufende Gänge angelegt, die den Raum
für den Publikumsverkehr bilden. Außen erscheint der Baukörper durch die Fenster-Ein-
heiten gegliedert und erhält trotz seiner Einfachheit Gewicht durch den Kontrast zwischen
der Grundfläche aus Haustein und den vorspringenden Elementen aus Sichtbeton.
LITERATUR: Belluzzi-Conforti 1986, S. 114ff.

221

**Chiesa di San Giovanni Battista
(oder dell'Autostrada)**
1960-64
Giovanni Michelucci
Autostrada del Sole, Ausfahrt Firenze Nord
Von einigen Kritikern wird diese Kirche als In-
begriff der Poetik des Architekten Michelucci angesehen. Der Bau mit seiner ungeheuer komplexen Verteilung der Bauvolumen ist wie eine
große Skulptur konzipiert. Das »Zelt« im Aufriß
und das »Kreuz« im Grundriß sind die beiden
Grundideen. Der Rustika-Stein des Sockels schafft
einen gewollten Kontrast zu den Kupferflächen
der großen »Segel« der Überdachung.
LITERATUR: Belluzzi-Conforti 1986, S. 146ff.

222

Wohnsiedlung in Monterinaldi

1952-62

Leonardo Ricci und andere

Ortschaft Monterinaldi, Via Bolognese

Die Casa Ricci und die Casa Petrelli bilden den
Kern einer Gruppe von Einfamilienhäusern, die
zwischen Felsen und Bäumen auf einem Hü-
gelkamm in Aussichtslage im Norden der Stadt
entstanden. Das organische Verhältnis zur Umgebung bestimmte die Entscheidung für besondere architektonische Elemente, die Wahl der
Materialien für die Verkleidung und die Be-
pflanzung.
LITERATUR: Koenig 1968, S. 142ff.; Gobbi 1987,
S. 92ff.

223

Ponte da Verrazano

1967-69

Leonardo Savioli und andere

Zwischen Lungarno Ferrucci und
Lungarno Cristoforo Colombo

Auch die Idee für dieses in einer Erweite-
rungszone im Osten gelegene Bauwerk entstand aus einem Wettbewerb. Es besteht aus zwei
großen vorspringenden Konsolen, die durch
ein zentrales Gebälk verbunden sind, so daß sich
eine einzige Bogenstellung mit einer Gesamt-
spannweite von 115 Meter herausbildet. Auf der
Brücke ist ein von der Fahrbahn abgetrennter
Fußgängerbereich vorgesehen.
LITERATUR: Gurrieri 1971; Savioli 1974, S. 36ff.

224

Ponte all'Indiano

1969-76

*Fabrizio De Miranda, Paolo Sica und Adriano
Montemagni*

Viale Lincoln und Lungarno dei Pioppi

Die Brücke entstand am Rande der Stadt, in einer
Zone westlich hinter dem Cascine-Park, wo
sich das Grab des Indiano befindet, auf den der
Name zurückgeht. Die Konstruktion beruht auf
einer einzigen 210 Meter langen Bogenstellung,
die durch eine Reihe von Stahlträgern gehalten
wird, die mit den beiden großen Seitenstützen
verbunden sind.
LITERATUR: Gobbi 1987, S. 180ff.

225
Wohngebäude in der Via Piagentina
1964-67
Leonardo Savioli und Danilo Santi
Stadtviertel Campo di Marte, Via Piagentina 29
Der Aufgabe, ein Eckhaus zu gestalten, begegnet der Architekt mit einem besonders komplizierten Aufbau. Wie andere Werke Saviolis scheint auch dieses Gebäude durch eine plastische Architekturauffassung bestimmt zu sein: eine Art »New Brutalism« auf florentinische Art, der sich dadurch auszeichnet, daß Flächen aus Sichtbeton ständig durch bildhauerische und scheinbar auf die Grundmaße bezogene Elemente durchschnitten werden.
LITERATUR: Savioli 1974, S. 34ff.; Polano 1991, S. 354

226
Siedlung des öffentlichen Wohnungsbaus in Sòrgane
1962-80
Leonardo Ricci, Leonardo Savioli und andere
Ortschaft Sòrgane, Bagno a Ripoli
Diese Siedlung ist gemeinsam mit der Siedlung Isolotto das größte Bauvorhaben der öffentlichen Hand (hier die Organisationen Gesacal und Incis) in der Nachkriegszeit. Das berühmteste unter diesen Gebäuden ist vielleicht das sogenannte »Schiff«, das zwischen 1962-68 errichtet wurde.
LITERATUR: Koenig 1968, S. 149ff.; Redazionale 1968; Gobbi 1987, S. 129ff.

227
Sitz der »Nuova Italia« (heute IBM)
1968-72
Edoardo Detti
Stadtviertel Campo di Marte, Via Giacomini 8
In seiner erklärten Einfachheit zeigt das für einen der angesehensten florentinischen Verlage errichtete Gebäude eine für die damalige Zeit typische Stiltendenz. Es wurde in Zusammenarbeit mit Carlo Scarpa konzipiert und besteht aus zwei gegeneinander gesetzten Blöcken, die einen »hortus conclusus« umschließen. An der Stirnseite treten Bauteile hervor, die die beiden Baukörper miteinander verbinden.
LITERATUR: Capellini-Cardini 1992, S. 240

228

Gebäude BICA in der Via Nazionale

1957

Italo Gamberini

Stadtviertel Santa Maria Novella, Via
Nazionale 87

Das in ein kontinuierliches Baugefüge einge-
setzte Bürogebäude konzentriert die Elemente
von Bedeutung auf die Fassade. Sie ist als eine
gleichförmige Sequenz von veglasten Grundein-
heiten und horizontalen Mauerbändern konzipiert.
Die Metall-Gitter der beweglichen »brise-soleil«,
die Struktur der Überdachung an der Bekrönung verleihen ihr eine besondere Leichtigkeit.
LITERATUR: Koenig 1968, S. 125ff.; Gattamorta-
Rivalta-Tramonti 1993, S. 13

229

Regionaler Sitz der RAI TV

1962-68

Italo Gamberini

Stadtviertel Campo di Marte, Lungarno
Colombo, Largo De Gasperi 1

Die fast poetische Ausdruckskraft dieses funk-
tionalen Gebäudes, dessen Bauteile in einer besonders komplexen Logik ineinandergreifen,
ist kennzeichnend. Zwei voneinander getrenn-
te und rechtwinklig gegeneinander stehende
Baukörper begründen den Aufbau. Der durch
seine auffallende Gliederung herausgehobene
Baublock stellt die vertikale Verbindung zwischen
diesen beiden Baukörpern her.
LITERATUR: Gattamorta-Rivalta-Tramonti 1993, S. 17

230

Sitz des Archivio di Stato

1972-88

Italo Gamberini und andere

Stadtviertel Santa Croce, Viale Amendola
und Viale Giovane Italia

Das aus einem 1971 veranstalteten Wettbewerb hervorgegangene massive Gebäude paßt
sich der fünfeckigen Form des Bauplatzes zwischen dem Arno und der Piazza Beccaria an. Im
Ostteil mit seinen stufenweisen Auskragungen
werden die früher bei den Uffizien gelagerten
Archivbestände aufbewahrt. Ein breiter Gang im
Inneren trennt diesen Teil vom Bau im Westen
mit seinen Büros und Labors.
LITERATUR: Gattamorta-Rivalta-Tramonti 1993, S. 21.

231

Sitz von »La Nazione«
1961-66
Pier Luigi Spadolini
Stadtviertel Santa Croce, Viale Giovane
Italia 4
Auch hier handelt es sich um einen Bau von
großen Dimensionen, der in eine Reihe von Bau-
teilen aufgeteilt ist, die für unterschiedliche
Funktionen bestimmt sind. Hier, wie auch in sei-
nen späteren Entwürfen, setzt Spadolini wie-
derholt vorgefertigte Standard-Einheiten in die
Fassade ein.
LITERATUR: Koenig 1968, S. 169ff.; Gobbi 1987,
S. 119

232

Wohngebäude an der Piazza San Jacopino
1973-76
Marco Dezzi Bardeschi
Stadtviertel Rifredi, Piazza San Jacopino
Der Bau dieses Mehrfamilienhauses wird durch ein
komplexes Spiel von Überschneidungen zwischen Prismen und Zylindern bestimmt, das eine besonders plastische Auffassung des Baukörpers verdeutlicht. Mit einer provozierenden Konzeption stellt sich der Architekt gegen jene »Neigung zum Dialog«, die mit Anpassung an die Par-
zellenform, Analogien der Volumen und Mate-
rialverwandtschaft einen großen Teil der florentinischen Architektur dieser Zeit bestimmte.
LITERATUR: Koenig 1976; Capellini-Cardini 1992, S. 245

233

Terminal degli autobus (Busbahnhof)
1987-90
Cristiano Toraldo di Francia
Stadtviertel Santa Maria Novella, Via
Valfonda
Dieses Werk gehört zur Infrastruktur um den
Bahnhof Santa Maria Novella. Vor der langen
Überdachung, dem Kern des Umbaus, sind zy-
lindrische Baukörper gesetzt. Vor allem diese Ele-
mente mit ihrer in zweifarbigen Bändern ge-
stalteten Marmorverkleidung verleihen der Ar-
chitektur des Terminals seine Besonderheit.
LITERATUR: Capellini-Cardini 1992, S. 256

Bibliographie

1930

L. DONATI, Notizie storiche su San Giovannino degli Scolopi, Florenz.

1931

A.J. RUSCONI, Fiesole (Aus der Reihe »Italia artistica«), Bergamo.

1938

W. BRAUNFELS, Santa Croce, Florenz (Deutsche Originalausgabe 1938).

1940-1954

W. und E. PAATZ, Die Kirchen von Florenz, 6 Bände, Frankfurt.

1941

G. MAETZKE, Florentia, Rom.

1942

G. MARCHINI, Giuliano da Sangallo, Florenz.

1945

P. PAGNINI, »Gli archi del Ponte Santa Trinità«, in: Il Mondo, Nr. 4.

1949

A. DE AGOSTINO, Fiesole, zona archeologica, museo, Rom.

1950

R. MUSATTI, »Catalogo giovanile di Cosimo Rosselli«, in: Rivista d'arte, Nr. 26.

1951

O. MORISANI, Michelozzo architetto, Florenz.

1955

G. LENSI ORLANDI, Le ville di Firenze di là d'Arno, Florenz.

1956

G. BACCHI, La Certosa di Firenze, Florenz.

H. HONOUR, »Palazzo Corsini, Florence«, in: The Conoisseur, Nr. 557.

S. ORLANDI, Santa Maria Novella e i suoi chiostri monumentali, Florenz.

1957

M. FOSSI, Bartolomeo Ammannati architetto, Neapel.

1958

R. LINNEKAMP, »Giulio Parigi architetto«, in: Rivista d'arte, Nr. 33.

1959

M.L. MARCUCCI (Hrsg.), Restauro di Palazzo Montauti-Niccolini, Florenz.

M. MONTANARI, »Palazzo Gondi a Firenze di Giuliano da Sangallo«, in: L'Architettura. Cronache e storia, Nr. 5.

1960

A. MODI, Il Palazzo Medici Riccardi ed il Museo Mediceo, Florenz.

G. PAMPALONI, Il Palazzo Portinari-Salviati, Florenz.

1961

G. PAMPALONI, Lo Spedale di Santa Maria Nuova, Florenz.

M. SALMI, Chiese romaniche della Toscana, Florenz.

1962

G. FAGNONI SPADOLINI, »Una villa restaurata, i Collazzi«, in: Antichità viva, Nr. 1.

1963

G. DE FIORE, Baccio Pontelli architetto fiorentino, Rom.

G. MOSCATO, Il Palazzo Pazzi a Firenze, Rom.

G. PAMPALONI, G.CIPRIANI, Palazzo Strozzi: il restauro dell'edificio, Rom.

1964

W. BRAUNFELS, Der Dom von Florenz, Olten und Freiburg i. B. E. LU-

E. LUPORINI, Brunelleschi, forma e ragione, Mailand.

P. PORTOGHESI, »La chiesa dell'Autostrada del Sole«, in: L'Architettura. Cronache e storia, Nr. 101.

R. WITTKOWER, Principi architettonici nell'età dell'Umanesimo, Turin (Englische Originalausgabe 1962).

1965

F. MORANDINI, »Palazzo Pitti, la sua costruzione e i successivi ingrandimenti«, in: Commentari, Nr. 16.

1966

F. ROSSI, Il Museo Horne, Mailand.

1967

G. MOROZZI, Il restauro di Orsanmichele, Florenz.

R. PEDIO, »Edificio per abitazioni a Firenze«, in: L'Architettura. Cronache e storia, Nr. 138.

1968

J.S. ACKERMAN, L'architettura di Michelangelo, Turin (Englische Originalausgabe London 1961-1964).

G.K. KOENIG, Architettura in Toscana 1931-1968, Turin.

»Unità di abitazione a Sorgane«, L'Architettura. Cronache e storia, Nr. 157.

G. SEVERINI, L'architettura di Giuliano da Sangallo, Pisa.

M. TRIONFI-HONORATI, »Il palazzo degli Antinori«, in: Antichità Viva, Nr. 2.

1969

P. BARGELLINI, Orsanmichele a Firenze, Mailand.

P. BARGELLINI, P. DE LA RUFFINIERE DU PREY, »Sources for a Reconstruction of the Villa Medici, Fiesole«, in: The Burlington Magazine, CXI.

L. BERTI, Museo Nazionale (Bargello), Florenz.

P. FOSTER, »Lorenzo de Medici's Cascina at Poggio a Caiano«, in: Mitteilungen des kunsthistorischen Instituts in Florenz, Nr. 14.

F. GURRIERI, »Il chiostro di San Miniato al Monte«, in: Antichità Viva, Nr. 4.

P.G. HAMBERG, »The Villa of Lorenzo il Magnifico at Poggio a Caiano and the Origin of Palladianism«, in: Figura, I.

R. MATTOLI, P. BARGELLINI, Palazzo Borghese, Florenz.

A.M. ROMANINI, Arnolfo di Cambio e lo »stil novo« del gotico italiano, Mailand.

H. SAALMAN, The Bigallo. The Oratory and the Residence of the »Compagnia del Bigallo e della Misericordia in Firenze«, New York.

M. TAFURI, L'architettura dell'Umanesimo, Bari.

1970

P. BARGELLINI, G. MOROZZI, G. BATINI, Santa Reparata. La Cattedrale risorta, Florenz.

G. BORSI, La capitale a Firenze e l'opera di Giuseppe Poggi, Rom.

C. CRESTI, »Liberty a Firenze«, in: Antichità Viva, Nr. 5.

M. DEZZI BARDESCHI, Leon Battista Alberti e la facciata di Santa Maria Novella, Pisa.

H. KLOTZ, Die Frühwerke Brunelleschis und die mittelalterliche Tradition, Berlin.

R. KRAUTHEIMER, Lorenzo Ghiberti, Princeton (Originalausgabe 1956).

1971

L. BERTI, Palazzo Davanzati, Florenz.

M. BUCCI, R. BENCINI, I palazzi di Firenze. Quartiere di Santa Croce, Florenz.

S. FEI, Nascita e sviluppo di Firenze città borghese, Florenz.

F. GURRIERI, »Ponte sull'Arno a Firenze; architetti Leonardo Savioli, Carlo Damerini e Vittorio

Scalesse«, in: L'Architettura. Cronache e storia, Nr. 17.

P. ROSELLI, Coro e Cupola della Santissima Annunziata a Firenze, Pisa.

S. SALVADORI, F. VIOLANTI, »Antonio da Sangallo il Giovane: la genesi del progetto per la Fortezza da Basso«, in: Bollettino degli ingegneri, Nr. 10.

M. TRACHTENBERG, The Campanile of Florence Cathedral, »Giotto's Tower«, New York.

1972

I palazzi fiorentini. Quartiere di San Giovanni, hrsg. vom Comitato per l'estetica cittadina, Florenz.

L. GINORI LISCI, I palazzi di Firenze nella storia e nell'arte, 2 Bde., Florenz.

M. LOPES PEGNA, Le più antiche chiese fiorentine, Florenz.

G. MARCHINI, Il Battistero e il Duomo di Firenze, Florenz.

L. ZANGHERI, »Antonio Ferri, architetto granducale«, in: Antichità Viva, Nr. 11.

1973

P. BARGELLINI, E. GUARNIERI, Firenze delle torri, Florenz.

M. BUCCI, R. BENCINI (1973/a), I palazzi di Firenze. Quartiere della Santissima Annunziata, Florenz.

M. BUCCI, R. BENCINI (1973/b), I palazzi di Firenze. Quartiere di Santa Maria Novella, Florenz.

M. BUCCI, R. BENCINI (1973/c), I palazzi di Firenze. Quartiere di Santo Spirito, Florenz.

G. FANELLI, Firenze architettura e città, Florenz.

C. PIETRAMELLARA, Battistero di San Giovanni a Firenze, Florenz.

H. RUSSEL ROBINSON, Il Museo Stibbert a Firenze, Mailand.

1974

Leonardo Savioli, Florenz.

F. BORSI, Firenze del Cinquecento, Rom.

A. BUSIGNANI, R. BENCINI, Le chiese di Firenze. Quartiere di Santo Spirito, Florenz.

M. MOSCO (Hrsg.), Itinerari di Firenze barocca, Florenz.

1975

F. BORSI, G. MOROLLI, L. ZANGHERI, Firenze, Livorno e l'opera di Pasquale Poccianti nell'età granducale, Rom.

G. CAPECCHI, »Le statue antiche nella Loggia dei Lanzi«, in: Bollettino d'arte, Nr. 60.

F. GURRIERI, »Il giardino di Boboli«, Atti della Società Leonardo da Vinci, III (1975), S. 165ff.

1976

E. BATTISTI, Filippo Brunelleschi, Mailand.

F. BORSI, G. MOROLLI, E. BALDUCCI, G. LANDUCCI (Hrsg.), La Badia fiesolana, Florenz.

G.K. KOENIG, »Un edificio nel quartiere: casa per abitazioni in piazza San Iacopino a Firenze«, in: L'Architettura. Cronache e storia, Nr. 250-51.

O. PANICHI, D. MIGNANI, Villa di Poggio Imperiale. Lavori di restauro e di riordino, Florenz.

1977

S. FEI, Firenze 1881-1898: la grande operazione urbanistica, Rom.

F. GURRIERI, L. ZANGHERI (Hrsg.), Pasquale Poccianti architetto, 1774-1858, Florenz.

G. LENSI ORLANDI, Il Palazzo Vecchio di Firenze, Florenz.

H. MC NEAL CAPLOW, Michelozzo, 2 Bde., London-New York.

C.L. RAGGHIANTI, Filippo Brunelleschi, un uomo, un universo, Florenz.

D. SUTTON (Hrsg.), Palazzo Pitti, London.

1978

F. BORSI, »Restauro del Palazzo Orlandini del Beccuto«, in: L'Architettura. Cronache e storia, Nr. 24.

C. CRESTI, Firenze 1896-1915. La stagione del Liberty, Florenz.

C. CRESTI, L. ZANGHERI, Architetti e ingegneri nella Toscana dell'Ottocento, Florenz.

V. FRANCHETTI PARDO, G. CASALI, I Medici nel contado fiorentino: ville e possedimenti agricoli tra Quattrocento e Cinquecento, Florenz.

F. GURRIERI, L. ZANGHERI, L'Istituto e Museo di Storia della scienza, Florenz.

G. MOROLLI, »Ghiberti e l'architettura dell'›altro‹ Umanesimo«, in: Lorenzo Ghiberti. Materia e ragionamenti, Florenz.

G. OREFICE (Hrsg.), Architettura in Toscana dal periodo napoleonico allo Stato unitario, Florenz.

L. ZANGHERI, »L'architettura militare in Toscana tra Medici e Lorena, da Alessandro a Pietro Leopoldo (1531-1790)«, in: Città, ville e fortezze della Toscana nel XVIII secolo, Florenz.

1979

F. BORSI, G. MOROLLI, F. QUINTERIO, Brunelleschiani, Rom.

A. BUSIGNANI, R. BENCINI, Le chiese di Firenze. Quartiere di Santa Maria Novella, Florenz.

P. DESIDERI, P. L. NERVI JR., G. POSITANO (Hrsg.), Pier Luigi Nervi, Bologna.

M. GIANNESCHI, C. SODINI, »Urbanistica e politica durante il principato di Alessandro de' Medici, 1532-37«, in: Storia della città, Nr. 10.

R. MANETTI, M.C. POZZANA, Firenze: le porte dell'ultima cerchia di mura, Florenz.

D. MIGNANI GALLI, Ex-Ospedale di San Matteo. La Loggia, Florenz.

1980

L. BALDINI GIUSTI, »Una casa da Granduca sulla collina di Boboli«, in: Antichità Viva, Nr. 19.

F. BORSI (1980/a), Leon Battista Alberti. L'opera completa, Mailand (Erste Ausgabe 1975).

F. BORSI (1980/b), L'architettura del principe, Florenz.

DIAZ (Hrsg.), Firenze e la Toscana dei Medici nell'Europa del'500. Kongreß im Rahmen der 16. Europäischen Ausstellung zu Kunst, Wissenschaft und Kultur, Florenz.

G. FANELLI, Firenze (aus der Reihe »Le città nella storia d'Italia«), Bari.

D. MIGNANI (Hrsg.), Le ville medicee di Giusto Utens, Florenz.

A. NATALI, L'umanesimo di Michelozzo, Florenz.

C. PEROGALLI, Rocche e forti medicei, Mailand.

H. SAALMAN, The Cupola of Santa Maria del Fiore, London.

1981

U. BALDINI, Santa Maria Novella. La basilica, il convento, i chiostri monumentali, Florenz (Deutsche Ausgabe 1982).

S. BARDAZZI, E. CASTELLANI, La villa medicea di Poggio a Caiano, 2 Bde., Prato.

E. BORSOOK, »Cult and Imagery at the Sant'Ambrogio in Florence«, in: Mitteilungen des kunsthistorischen Instituts in Florenz, Nr. 25.

M. FORIANI CONTI, »Il giardino di Boboli«, in: Il giardino storico italiano, Atti del Convegno di studi, Florenz.

G. MOROLLI, »Le architetture del Cinquecento a Firenze: dal rigorismo piagnone alla maestà ferdinandea (1494-1609)«, in: La Rinascenza a Firenze. Il Cinquecento, Rom, Bd. 1, S. 241ff.

B. PREYER, »The Rucellai Palace«, in: Giovanni Rucellai e il suo Zibaldone, II, London.

1982

A. BUSIGNANI, R. BENCINI, Le chiese di Firenze. Quartiere di Santa Croce, Florenz.

S. CABASSI, R. TANI, Il portico della Cappella Pazzi, Florenz.

C. CANEVA, Il giardino di Boboli, Florenz.

C. CHIARELLI, G. LEONCINI, La Certosa del Galluzzo a Firenze, Florenz-Mailand.

A. GUIDOTTI, E. SESTAN, M. ADRIANI, La Badia fiorentina, Florenz.

I. MORETTI, La chiesa di San Niccolò Oltrarno, Florenz.

G. PAMPALONI, Palazzo Strozzi, Rom (Erste Ausgabe 1963).

1983

U. BALDINI, B. NARDINI (Hrsg.), Santa Croce, Florenz (Deutsche Ausgabe 1985).

P. BAROCCHI,»Palazzo Vecchio fra le due redazioni delle ›Vite‹ vasariane«, in: Firenze e la Toscana dei Medici nell'Europa del '500, 3 Bde., Florenz, Bd. III, S. 801ff.

M. CAMPBELL,»Observations on the Salone dei Cinquecento in the Time of Duke Cosimo I de' Medici 1540-1574«, in: Firenze e la Toscana dei Medici nell'Europa del '500, 3 Bde., Florenz, Bd. III, S. 819ff.

A. CHASTEL,»La Chapelle des Princes à Saint Laurent«, in: Firenze e la Toscana dei Medici nell'Europa del '500, 3 Bde., Florenz, Bd. III, S. 787ff.

A. CONTI, I dintorni di Firenze, Florenz.

L. GINORI LISCI,»The 19th Century in a 16th Century Florentine Palace«, in: Apollo, Nr. 17.

H. KLOTZ, Der Florentiner Stadtpalast, Weimar 1983.

A. LUCARELLA, La storia dell'Arcispedale di Santa Maria Nuova dal XIII al XX secolo, Bari.

B. PREYER,»The ›chasa ovvero palagio‹ of Alberto di Zenobi; the Florentine Palace of about 1400 and Its Later Remodeling«, in: The Art Bulletin, Nr. 65.

Z. WAZBINSKI, La Cappella dei Medici e l'origine dell'Accademia del disegno, in: Firenze e la Toscana dei Medici nell'Europa del '500, 3 Bde., Florenz, Bd.I, S. 55ff.

1984

Angiolo Mazzoni (1894-1979). Architetto dell'Italia fra le due guerre, Bologna.

E. CHINI, La chiesa e il convento dei santi Michele e Gaetano a Firenze, Florenz.

M. FERRARA, F. QUINTERIO, Michelozzo di Bartolomeo, Florenz.

C.L. FROMMEL, S. RAY, M. TAFURI, Raffaello architetto, Mailand.

R.A. GOLDTHWAITE, La costruzione della Firenze rinascimentale, Bologna (Englische Originalausgabe 1980).

I. MORETTI, R. STOPANI, La Toscana (aus der Reihe »Italia Romanica«), Mailand.

G. MOROLLI, Firenze 1495-1527: un Classicismo mancato, in: Raffaello e l'architettura a Firenze nella prima metà del Cinquecento, Florenz, S. 119ff.

A. NOVA, Michelangelo architetto, Mailand.

F. SCALIA, C. DE BENEDICTIS, Il Museo Bardini di Firenze, Florenz.

D. F. ZERVAS,»The Parte Guelfa Palace. Brunelleschi and Antonio Manetti«, in: The Burlington Magazine, Nr. 126.

1985

Nascita di una capitale. Firenze, settembre 1864 / giugno 1865, Florenz.

A. BELLUZZI, C. CONFORTI, Architettura italiana 1944-1984, Bari.

G. BACARELLI,»Per l'architettura fiorentina nel Quattrocento: il chiostro di Santa Apollonia«, in: Rivista d'arte, I.

A. LUCARELLA, Lo Spedale di San Bonifazio, Bari.

1986

A. BELLUZZI, C. CONFORTI, Giovanni Michelucci, catalogo delle opere, Mailand.

L. BOTTERI,»Novità sulla Madonna de' Ricci: la facciata«, in: Rivista d'arte, Nr. 38.

C. CRESTI, Architettura e fascismo, Florenz.

F. FIORELLI MALESCI, La chiesa di Santa Felicità a Firenze, Florenz.

L. MEDRI, L. CALITERNA, La torre dei Marsili a Firenze, Florenz.

G. MOROLLI,»Le architetture del Quattrocento a Firenze: la città immaginata«, in: La Rinascenza a Firenze. Il Quattrocento, Rom, Bd. 1, S. 276ff.

G. OREFICE, Rilievi e memorie dell'antico centro di Firenze, 1885-1895, Florenz.

C. PIZZORUSSO,»Un inatteso intervento di Giulio Parigi«, in: Notizie da Palazzo Albani, Nr. 15.

M. G. VACCARI,»Il giardino della Gherardesca e gli Orti Oricellari a Firenze«, in: Quaderni di Palazzo Te, Nr. 5.

1987

F. BANDINI, La Stazione di Santa Maria Novella (1935-1985); Italo Gamberini e il Gruppo Toscano, Florenz.

R. BOSSAGLIA, Archivi del Liberty italiano. Architettura, Mailand.

C. CRESTI, La Toscana dei Lorena. Politica del territorio e architettura, Mailand.

C. CRESTI, M. COZZI, G. CARAPELLI, Il Duomo di Firenze 1822-1887. L'avventura della facciata, Florenz.

G. GOBBI, Itinerari di Firenze moderna. A Guide to Modern Architecture in Florence, Florenz (Erste Ausgabe 1976).

G. MARCHINI, E. MICHELETTI, La chiesa di Santa Trinità a Firenze, Florenz.

1987-1988

A. RENSI,»L'Ospedale di San Matteo a Firenze, un cantiere della fine del Trecento«, in: Rivista d'arte, III, IV.

1988

E. ANDREATTA, F. QUINTERIO, »La Loggia dei Servi in piazza della Santissima Annunziata a Firenze«, in: Rivista d'arte, IV.

A. BUSIGNANI, R. BENCINI, Le chiese di Firenze. Il Battistero di San Giovanni, Florenz.

A. FARA, Bernardo Buontalenti; l'architettura, la guerra, l'elemento geometrico, Genova.

F. GURRIERI, L. BERTI, C. LEONARDI, La Basilica di San Miniato al Monte a Firenze, Florenz.

A. LUCCARELLA, Le Oblate di Santa Maria Nuova in Firenze, Bari.

G. POGGI, Il Duomo di Firenze. Documenti sulla decorazione della chiesa e del campanile tratti dall'archivio dell'Opera, Florenz (Nachdruck der ersten Ausgabe von 1909, Hrsg. M. Heines).

1989

Brunelleschi e Donatello nella Sagrestia Vecchia di San Lorenzo, Florenz.

La chiesa e il convento di San Marco a Firenze, 2 Bde., Florenz.

G. BALZANETTI STEINER, Tra città e fiume. I lungarni di Firenze, Florenz.

D. LORENZI, »Villa Medicea di Careggi«, in: L. ZANGHERI (Hrsg.), Ville della Provincia di Firenze. La città, Mailand.

A. LUCARELLA, Lo Spedale di San Giovanni di Dio già de' Vespucci, Bari.

R. MANETTI, G. MOROLLI (Hrsg.), Giuseppe Poggi e Firenze. Disegni di architetture e città, Ausstellungskatalog, Florenz.

G. C. ROMBY, Un ponte una città: il Ponte Vecchio di Firenze, Florenz.

1990

C. ACIDINI, »La cappella medicea attraverso cinque secoli«, in: C. Cherubini, G. Fanelli (Hrsg.), Il Palazzo Medici Riccardi di Firenze, Florenz.

G.C. ARGAN, B. CONTARDI, Michelangelo architetto, Mailand.

C. CHERUBINI, G. FANELLI (Hrsg.), Il Palazzo Medici Riccardi di Firenze, Florenz.

C. CRESTI, L'architettura del Seicento a Firenze, Rom.

G.L. MAFFEI, La casa fiorentina nella storia della città, Venezia.

1991

La Toscana dei Lorena nelle mappe dell'Archivio di Stato di Praga, Ausstellungskatalog, Florenz.

E. CAPRETTI, Il complesso di Santo Spirito, Florenz.

U. MUCCINI, A. CECCHI, Le stanze del principe in Palazzo Vecchio, Florenz.

L. NICOLETTI, La Basilica di San Marco in Firenze, Florenz.

S. POLANO, Guida all'architettura italiana del Novecento, Mailand.

D. WIGNY, Firenze (mit einem Vorwort von A. Chastel), Mailand.

1992

C. ACIDINI, G. GALLETTI, Le Ville e i Giardini di Castello e Petraia a Firenze, Pisa 1992.

L. CAPELLINI, D. CARDINI (Hrsg.), Firenze. Guida di architettura, Torino.

G. CONTORNI, La Villa Medicea di Careggi, Florenz.

C. CRESTI, M. LISTRI, Civiltà delle ville toscane, Udine.

L. FERRETTI, La Chiesa e il Convento di San Domenico di Fiesole, Florenz (Erste Ausgabe von 1921).

G. MOROLLI, C. ACIDINI, L. MARCHETTI, L'architettura di Lorenzo il Magnifico, Ausstellungskatalog, Mailand.

1993

Casa Buonarroti: il Museo, Florenz.

Il Gigante degli Orti Oricellari, Rom.

M.E. BONAFEDE, La Scuola fiorentina fra le due guerre. Genesi, figure e contributi nella cultura architettonica europea, Florenz.

A. BUSIGNANI, R. BENCINI, Le chie-

se di Firenze. Quartiere di San Giovanni, Florenz.

M. CHIARINI, S. PADOVANI (Hrsg.), Gli appartamenti Reali di Palazzo Pitti. Una reggia per tre dinastie: Medici, Lorena e Savoia tra Granducato e Regno d'Italia, Florenz.

C. CONFORTI, Giorgio Vasari architetto, Mailand.

G. GATTAMORTA, L. RIVALTA, U. TRAMONTI, »Gamberini e Firenze. Itinerario n. 95«, in: Domus, Nr. 754.

R. GATTESCHI, Baccio da Montelupo scultore e architetto del Cinquecento, Florenz.

L. MEONI, San Felice in Piazza a Firenze, Florenz.

F. MOROLLI, P. RUSCHI (Hrsg.), San Lorenzo 393-1993. L'architettura, le vicende della fabbrica, Florenz.

Orts- und Gebäuderegister

Die fett gesetzten Ziffern verweisen auf Abbildungen.

Namenregister